广东现当代画家小传·国画卷

百年大我之情

刘仑小传

LIU LUN XIAO ZHUAN

刘春 著

岭南美术出版社
中国·广州

图书在版编目（CIP）数据

百年大我之情：刘仑小传 / 刘春著. —广州：岭南美术出版社，2015.8
（广东现当代画家小传.国画卷）
ISBN 978-7-5362-5500-5

Ⅰ. ①百… Ⅱ. ①刘… Ⅲ. ①刘仑（1913～2013）—传记 Ⅳ. ①K825.72

中国版本图书馆CIP数据核字（2014）第162484号

责任编辑： 李　颖　王效云　杨　靖　周章胜
责任技编： 罗文轩　谢　芸
装帧设计： 杨易欣

百年大我之情：刘仑小传
BAI NIAN DA WO ZHI QING LIU LUN XIAOZHUAN

出版、总发行： 岭南美术出版社（网址：www.lnysw.net）
（广州市文德北路170号3楼　邮编：510045）
经　　销： 全国新华书店
印　　刷： 雅昌文化（集团）有限公司
版　　次： 2015年8月第1版
2015年8月第1次印刷
开　　本： 787mm×1092mm　1/16
印　　张： 7.75
ISBN 978-7-5362-5500-5
定　　价： 35.00元

序

回顾20世纪中国美术发展史，中国画的现代转型与“新国画”运动密不可分。发端于广东的岭南画派在这场“新国画”运动中起到极其重要的作用，以高剑父、高奇峰、陈树人等为代表的岭南画派，以革命性、创新性的新思路，折衷中外、融汇古今，注重现实关怀、题材开拓和表现手法的多样性，开启中国现代绘画的新风气，极大地推进了中国美术的现代化进程。

继“二高一陈”后，以关山月、黎雄才、赵少昂、杨善深等为代表的艺术家，更是把岭南画派发展到一个新的高度，并卓有成效地拓展了现代美术教育体系，使岭南地区迅速成为新中国美术教育基地之一，培养了许多影响21世纪中国美术进程的画家。他们继承和延续岭南画派的艺术精神，践行着创新和发展的道路，使广东成为中国美术教育与创作的重镇。

在对中国美术发展史的研究中，岭南画派一直是被关注的，但系统完整的广东现当代画家传记著述却较少见到。梳理这些画家的人生经历，再现他们的探索过程，总结他们的创作思想，对于推动广东美术创新发展，增强广东文化自觉与文化自信有着重要意义。为此，我们编辑出版《广东现当代画家小传》丛书。

丛书根据艺术成就及社会影响力甄选了20多位现当代画家作为传主，以文学性的叙事方式讲述艺术家活动及经典作品背后的故事，使读者重回那段令人荡气回肠的岁月。从书遵循从史到论，论从史出，通过文学家的艺术剪裁，注重围绕史料开展研究，力求科学严谨地再现各位传主的生平经历、创作历程、学术贡献和历史影响。从书资料翔实、图文并茂，大量由家属提供和从档案中查阅到的第一手资料更为珍贵。

对岭南近现代画家的资料进行收集与整理，是广东地域美术研究的基础性工作。丛书的出版将极大地丰富画家档案及文献资料，为广东画家的相关研究奠定基础，更好地促进广东美术繁荣发展。

目录

一/“昌明烂仔”

我觉得：回忆，苦也是甜的，小也是大的，远也是近的，虚也是实的，真是历历可数，如在眼前。几十年前的往事……

哪怕是一点儿好，也别忘记启蒙老师的恩情。

昨日离开“象牙之塔”，跑到“十字街头”，而今回来进不了“艺术之宫”，有的画家为此感叹。“艺术之宫”究竟在什么地方？是有空调、瓷砖的华殿么？其实，艺术家走向街头，回到原野，登上高峰，那里才是真正的最大的“艺术之宫”。

——刘仑《画语丝丝》

1913年1月22日，广东原惠阳县府城南门姚屋巷巷口的一个清贫的刘姓大家族里，欢天喜地地迎来了他们家里的第十个孩子——刘佩伦（刘仑原名）。这个排行最末的男孩，生性顽劣好动，年纪很小的时候就喜欢搞恶作剧，喜欢跑到野外和西湖边疯玩，还时常因为贪玩忘记回家。也许因为是家里最小的一个孩子，而且其母是续弦，只有他一个孩子，刘家的大人就对他格外疼爱、迁就。

但渐渐地，大家发现这个爱玩爱疯的野孩子，有一个与众不同的特点，他似乎天生就是画画的，从小就喜欢涂涂画画，木炭、瓦片、树枝……都能成为他在地上、墙上作画的工具。刘家世代并无绘画的特长与传统，但小佩伦随手就可以在家的边边角角、墙壁上画一些自己心里模糊成形的“作品”。

巧的是佩伦有一堂姐夫陈凤俦，是搞美术的，偶然看见小佩伦很喜欢绘画，就拿出一套《芥子园画谱》给他临摹，并教授一些基本的技巧。刘家谁也不曾想到，在这位启蒙老师的细心点拨下，“野孩子”佩伦对绘画的热爱便一发不可收。他一改往日的顽劣心性，用心学习《芥子园画谱》和《画学心印》，还时常临摹唐寅、黄蒙、黄慎、“四王”、恽南田的画。

佩伦母亲不识字，没文化，但她像大多数中国传统妇女一样，温婉贤淑，懂

刘仑亲绘的母亲画像

得世间的人理伦常。尽管眼见自己的这个独生子顽劣不羁，不愿意读书，只喜欢画画，母亲还是把他捧在手心里疼。小佩伦喜欢在夜晚点着油灯，在厅堂八仙桌上画画，母亲总是默默地陪坐一旁，一边做针线活，一边看儿子画画。时常夜深，小佩伦画累了，一抬头就会看见母亲陪坐着打瞌睡的样子。

七八岁时，小佩伦直接考入由惠州邑人冯重熙与廖雨生创办的“昌明小学”（今惠州市第十一小学）上二年级，美术成绩优异，画作常被老师拿来贴堂作为榜样。但由于家贫无人辅导、管教，自己又好玩，不久就荒废学业成为“昌明烂仔”。

小佩伦好打架、打群架，曾勇猛地带领群童从南门城打到四牌楼（今惠州中山北路）。当时杨芽塘陈屋园靠南门城，很荒凉，他常在那里捉蟋蟀、钓蛤、打水漂。在同龄小朋友的眼里，他可是一个投掷石头打水漂的高手，可以把瓦片从这边塘水面飞出，拖着“老鼠尾”飞过对面塘边。

因此，在南门城一带，刘佩伦打架最勇猛，是出了名的。人们总是记得他跳上城垛，指挥冲锋、呐喊的模样。当时，正值东征军攻打守城军阀杨坤如，胆大不怕死的小佩伦竟敢独个走到城墙捡子弹头，甚至把穿进城墙砖的弹头拔出。有一次，弹头突然爆炸，惊得他魂飞魄散，幸好没伤及身体。他最热衷的是把弹头集中熔化成铅块，再拿去换甜甜的麦芽糖，那在当时可是孩子们最喜欢的美食。

其实，胆大出名的佩伦却保守着一个小秘密：他也有胆小害怕的时候。每到晚上，看到塘边那黑压压的十多米高的竹丛在寒风中摇动，他总会怕起“鬼”来。有时，为了壮胆，他就下意识地捡起身边的小石头，奋力扔向竹丛。这时，那些石头打击竹叶的啪啪声、撞击小枝的嗒嗒声、敲打竹竿的嘚嘚声和碰撞竹头的咯咯声，各种声响随石头落在不同密度的竹竿中而产生不同的节奏，都深深地印刻在他的脑海里。

春天木棉花开的时候，小佩伦爱捡木棉花玩。一天，在木棉树下玩耍的他，竟然被一块热烫的雀屎砸在了头上，气急败坏的他抬头见一鸟巢，便“噌噌”两下爬上树去，准备捣毁这只恶鸟的巢。可当他看见巢里仅有一个鸟蛋，一只刚出壳的小鹩哥在旁边回旋着凄厉惨叫时，恻隐之心却让他不忍毁掉这个小生命。此后，他天天在树下暗中守护，防止别的孩子上树捣乱，不时还爬上去看看。等小鹩哥长起羽毛，他便小心揣回家，细心饲养，看着它拍打着翅膀张开嘴吃食，细心观察它怎样长起羽毛，怎样学爬行、走路、飞翔……

那时正值军阀杨坤如抵御东征军攻打惠州，死守城池数月，老百姓们都躲在家中不敢出门。成天野在外面的小佩伦不得不困在家里，所幸有这只鹩哥，不离左右地成天跟着他。实在无聊时，就用鹩哥作模特，天天画它、写它。不幸的是，东征军破城之后，大兵进驻民房，混乱中小鹩哥不见了，小佩伦伤心得几天吃不下饭。

但最让家人恼火的是，小佩伦还时常胆大包天，悄悄地爬上母亲的高柜，将小手伸进柜门缝，偷取铜钱去买“老刀牌”香烟学抽烟，还自称是喜欢收集香烟盒里的画片……更让母亲伤心的是，小佩伦贪玩打架，竟把学业也荒废了，语文、算术、英语均得过零分。尽管如此，小佩伦还自称能保持四个第一：体育第一，是昌明小学排球队主力，曾代表校队参加县、省比赛；画画第一，他的美术作业经常被贴出来展览，也曾拿过全县的绘画比赛一等奖；手工第一；与同学打架第一。

所幸，昌明小学的老师们没有歧视这个野孩子，反而非常关爱他。最让刘佩伦记忆深刻的是尹克任老师，他对字画鉴赏很有研究，曾把小佩伦的作品《竹林七贤图》摆放在学校陈列室。这里是一个专门展现学生聪明才智的“平台”，眼见自己的画作能登上这个“高台”，小佩伦甭提有多自豪了。该画是佩伦临摹当时美国卖“火水”（汽油）商人送的唐伯虎《竹林七贤图》广告画片而作，尹老师在画上赞题：“刘佩伦能画此作不可多得乃神童也！”

童年忆写（国画） 1995年 96 cm×69 cm

秦寿宁老师是一位很有学养的篆刻、书法、金石学专家，对佩伦特别爱护，关心他的生活和学习，为了纠正他贪玩的习性，甚至让他在自己家里和孩子们一起学习。李覃亮老师是佩伦的班主任，文学修养很深，又是画家，对水墨山水画颇有造诣。李老师家环境很好，门外有两棵高高大大的梧桐树。小佩伦知道用梧桐树做古琴音色是最好的，于是，他只要一到李老师家，就想象着梧桐古琴悠扬的声音，伴着习习的凉风和李老师的水墨画，那种感觉啊，美得很，这对他以后一生寻找美、感悟美影响很大。

佩伦认真习画后，野性渐渐收敛，也开始懂得追求上进。东征军北伐年代，因在学校表现积极，他被选为学生联合会成员。受反帝反封建革命思潮的影响，刘佩伦利用自己的绘画特长，配合"五一""沙基惨案"等节日或纪念活动，画了许多革命宣传画，后来，全城都张贴有他的画作。这无疑也是他少年时代的一大"威水史"。

从小，佩伦就知道他有一个年龄相仿的表妹，名叫李瑞意。但他不知道在他们都还没出生的时候，双方的母亲就已为他们指腹为婚，许诺如果生下的是一对儿女，即结为夫妻。表妹 8 岁时，父母不幸双亡，无人抚养，就在亲戚们的安排下，住到刘家来，做童养媳。时仅 9 岁的佩伦听说要结婚，十分不情愿，但也只得听从大人摆布，一大早起来洗澡换衫，穿着马褂戴着礼帽，面无表情地站在家门口，接待一拨一拨的贺喜客人……

刘佩伦的家人多无文化，只有一个四嫂，能识些字。原本她跟随做粤剧戏服的丈夫在广州生活，后来四哥死了，四嫂便带着女儿回惠州老家居住。四嫂最喜欢看《西游记》，闲暇时常捧着书看，小佩伦就常常搬个小凳子，坐在旁边听她讲《西游记》里的一个个精彩故事。四嫂口中的孙悟空变化多端，机智灵活，战胜各种妖魔鬼怪，保护唐僧到西天取经。这个无所不能的齐天大圣让他崇拜得五体投地，无形中也促成他养成不怕困难的坚毅品格。

市街（石刻） 1935 年

河傍（石刻） 1935 年

16 岁的时候，刘佩伦考上了广州市立美术学校。其实，这回考试也不是一帆风顺的，背后还有一个鲜为人知的小故事。在昌明小学读书时，因为贪玩，佩伦除了画画外，其他功课成绩都不算好。但广州市立美术学校考试不仅考美术，语文、数学等主科也是要考的，他自知很难考上，但还是鼓起勇气，参加了考试，而且还凭“小聪明”，弄出了一个令人吃惊的举动。老师评卷时，发现一张卷子的背面，有一封写给校长的信，大意是：“考主科我大概是不行的，但是假如愿意，可以多考考我的画。”评卷老师把卷子拿给校长看，碰巧时任校长的司徒槐是个爱才之人，说那好啊，他这么自信，就考一考吧。后来学校专门为刘佩伦安排了一场美术考试，结果他的画征服了司徒校长及所有的评卷老师，终于如愿以偿，考上了广州市立美术学校，从此踏上专业的美术道路。

考虑到家境贫寒，为了省钱，刘佩伦选择了读师范系，因为读师范学费最少。他读美术学校时的生活费是靠“做会”（旧时民间自发的一种互助小额贷款）解决的。也许是很珍惜来之不易的学习机会，加上对绘画的天生痴迷，他学习非常自觉，不但师范系要求掌握的素描速写成绩极好，其他系的油画、国画、水彩画、水粉画他都想方设法去“偷师”。当时，与佩伦同住一个宿舍的同学是西洋画系的，他就常趴在西洋画系的教室外，偷偷看他们画油画和素描，有时还能看到模特。虽然，很羡慕教室里的同学，但他知道自己没有钱，是上不了西洋画系的，只能自己努力研习。毕业展览时，他的水彩画被评为第一，得到教务主任黄君璧老师的特别表扬。

在广州市立美术学校，刘佩伦遇到了很多良师益友。曾得到陈之佛、倪贻德、谭华牧等老师的教诲，无论素描，还是水彩画，都勤奋苦练。时任教务主任的黄君璧老师很欣赏他，也常鼓励他，夸他的水彩画好。其实，佩伦学水彩画也是跟同住的同学学的。他非常喜欢水彩画，但没条件学，就只得拜同住的同学为师。

路边小贩（石刻） 1934 年

劳累（石刻） 1935 年

后来，刘佩伦的西洋画、中国画成绩均名列前茅。他还酷爱音乐和诗歌，频频有水彩画、诗和论文作品发表于校刊上，并开始接受前苏联文艺理论和“五四运动”文艺思潮的影响。其时，刘佩伦自己将名字中的“佩”字去掉，“伦”字改为崙，叫刘崙。

市美毕业之后，刘崙便开始从事美术教育工作。先后在广东省郁南、四会县立中学，广州济时中学，四会外海小学任专科教员。常作水彩画写生，喜读中国新文学书刊，文艺复兴时代史论和画家传记以及印象派画家的书和中国古诗，尤爱研读新诗。

任防城县立中学专科教员时，刘崙耳闻目睹了法属广州湾、安南芒街、钦州冯子才家和黑旗军的故事后，激愤地写了《黑牙人的国界》一诗发表于《防城日报》。

1934 年，刘崙在防城中学任教时，看到鲁迅介绍的德国女版画家柯勒惠支的作品和倡导的中国新兴版画运动后，深受鼓舞。他亲自上山采石自磨自刻，并创作石刻 24 块，其中《市街》《河傍》《小码头》等五幅石刻作品寄给鲁迅先生，现在《鲁迅书简》中还有记载。但是这批倾注了刘崙心血的石刻作品，在日本侵略军烧杀抢夺中破坏得荡然无存，其中仅有 5 幅拓片被鲁迅收藏保存下来。新中国成立后，《路边小贩》《劳累》由上海鲁迅纪念馆收藏，《市街》《河傍》由中国美术馆收藏。

刘崙的石刻作品构图丰富，层次分明，气氛热烈，人物形象生动传神，受到广泛好评，为中国新兴版画探索民族化和多样性迈出了可喜的一步，被誉为中国现代石刻版画第一人。

二/ 寻访李桦

画家的任务，应在时代中以艺术来表达人民的理想和愿望。

如果画坛出现懒汉、二流子、小偷之流，还化做杂技明星，走江湖，吃遍天下。说真的，这一门有人翻筋斗翻得好，有人翻断了腰。看来，还是记取鲁迅先生给海婴遗嘱的一条："不要当空头美术家"为佳。

把艺术脱离现实，脱离社会，把它玄虚到比神仙还玄虚，这种艺术对我们有什么相关？它的美在哪里？意义在何方？

被誉为或自封为革命艺术家者，理应有其革命之作为佐证，才会得到人们承认与赞美。不然，只能称之为革命家或艺术家，而非革命艺术家。不管什么家，单靠"包装"和"吹捧"来树立，涂脂抹粉来诱人，势必搞乱艺坛，当属"打假"之列。

——刘仑《画语丝丝》

1934年6月19日，现代版画研究会在广州市立美术学校内正式成立，由该校教师李桦发起主持，会员有：赖少其、唐英伟、刘兴宪、胡其藻、陈仲纲、潘业、林擒、张影、张在民、吕蒙等27人。唐英伟是市美中国画系的，其他均是西洋画系李桦的学生。会址设在广州市连新路莲花井"松庐"李桦家中。该会每周六把会员木刻作品集中起来开周展，每四个星期开月展。

现代版画研究会的发起人李桦，跟刘崙是广州市立美术学校前后届的同学，却从未谋面。刘崙知道他早年曾留学日本，于1934年起从事新兴木刻运动，并得到鲁迅的指导，刘崙对他一直十分仰慕。

1935年初秋的一个清早，刘崙打算亲自去拜访李桦。临行前，一个叫林绍仑的同学告诉他："到了中央公园，沿石墙边过小马路转进去就是莲花井后巷，李桦家就住在莲花井‘松庐’。”刘嵛记得自己以前偶尔经过莲花井，但对那一带还是相当陌生的。

走进莲花井，刘嵛发现原来这里是一条弯曲而细长的巷子。巷子两边是大小不等的百姓平房，多是青砖瓦屋木门构成，引人注目的是，许多人家的门口都装上三道木门：第一道是比人高一点的像接连屏风的矮角门，门楣上边雕了通花，以便主人窥看外面；第二道是圆木栅栏；然后第三道才是厚木的大门，可谓机关重重，绝对安全也。有的人家的房屋，在二楼一侧筑有凉台，台边一排疏栏是用讲究的石湾色瓷筑建的，阳台上种着花花草草，上面晒晾衣服，有时也会传来几声鸟鸣。巷中老人们，悠闲地坐在门口竹椅上，喝茶吸烟，孩童们三两结伴，追逐玩耍……

走在蜿蜒曲折的青麻石路上，刘嵛听到自己轻快的脚步声，觉得莲花井比他的老家姚屋巷还美，古朴而闲适的老广州风情，让人感到安详又温暖。寻到李桦家门口，却看不见“现代版画研究会”的牌子。刘嵛怕走错了门，再仔细辨认，感觉应该没错。原来李桦的家就是版画会所在地，版画会会址就在李桦的家。真是无形即有形，有家即有会了。

刘嵛踌躇着，拍了几下门。开门的女人问明来意，却说：“李桦不在家。”刘嵛有点失望，便说：“我明早再来，请李先生等等我吧！”

次日清晨，刘嵛再次前往莲花井，终于见到了仰慕已久的李桦。李桦很是热情，握手时，刘嵛觉得他的手粗壮而有力。李桦个子不高，脸色赤实，典型的广东人的形象。他的举止动态看起来虽不那么潇洒，但他的面容和话语，总给人朴实无华、不邪不假的感觉（后来，刘嵛曾听郁风笑言李桦真像一块木刻板）。刘嵛一下子认定，眼前的这位广州市美老大哥可做他的良师益友。

刘嵛受邀坐到李桦的画桌旁，一边喝茶，一边慢慢道明自己的来意：“我叫刘崙，很想搞木刻，可是不懂，特来拜教！我还想参加版画会，不知够不够条件？”谈话间，刘崙还打开随身带来的几张石刻画，向李桦请教。

李桦一幅幅看得很是认真，不时露出欣喜的神色，禁不住问：“你怎样想起刻石刻的？”刘崙说：“1934 年到 1935 年间，我在防城中学任教时，看了鲁迅先生对在《文学》《译文》上刊登的新兴版画作品的介绍，引起我很大的兴趣。这些版画画面对比强烈、构图新颖，内容富于现实感和进步性，大大地打开了我的艺术思路。比常见的描写闲情逸致、伤感颓废的绘画，给人的教益好得多。过去我喜爱水彩画写生，少年时爱画国画，现在很想搞版画了。”

李桦忙问：“你的石刻画是怎样刻的？”刘崙笑笑说：“开始我不懂怎样刻画，很纳闷！后来有位学生交了一块石刻浮雕手工作业，看来近似我在市美毕业展那块着色木雕。再看石质细软，呈深青灰色（即磨刀石），我想，把它打平来刻画不就是石刻画吗？后来得知凤凰山下有此石，我便不时去扛几块回来，先粗打平石块，再以细沙调水磨平，复用细砂纸或木贼草打光石面，便可刻画了。一年多来，我一共刻了 24 块石刻画带回家！”

万分可惜的是，1938 年，惠州沦陷，刘崙留在老家的所有石刻原版和艺术藏物全被侵华日军烧毁了。1961 年，刘崙曾从北京专程回惠州老家，但连半块石刻原版都找不到。他站在故园的瓦砾上，泪流不止！幸亏他 1935 年曾寄过五幅石刻画去请鲁迅先生指教，因鲁迅先生妥善保管而得以保存下来，总算留得几幅石刻画在人间。

刘崙见李桦静心听得认真，又如数家珍地接着介绍：“我时常挖石、扛石、磨石、刻石、印石，满头大汗，有点像小搬运工、打石工，还兼印刷工和画师的样子。有的老师不清楚我在干什么，背地里暗自取笑……”李桦微笑了一下说：“不要紧，接着说……”

1935年与广州现代版画研究会同志合影（右起第三人是刘崙）

刘崙赶紧继续："我以传统土法，请铁匠打了两把小平刀，两把大小斜刀，便瞎刻起来了。以抄更纸用印讲义的油印机把画印出来。与学生们一起看得乐滋滋的。"

李桦若有所思地点了点头，高兴地说："你自磨自刻，勇于尝试，勤奋锐气很难得！我们还年轻，应听从鲁迅先生的教诲，路是走出来的，艺术之路也是一样！我看，你的石刻画中的晕刻是创新的刻法，你能吸取汉石刻的拓法来表现现实题材，迄今尚未见过。但务必重视绘画基础，深入生活实际，把所感受的现实题材，创作成为版画艺术作品，应走'为人生而艺术'的道路。"

李桦拿来几册手印的《现代版画》给刘崙看，说是版画会的创研园地，其中也有日本和国内的版画家交流之作，每半月出一期，一期50本，全是手印的，每期都赠送鲁迅、郭沫若、郑振铎诸位先生，敬请指导。

刘崙翻开一本《现代版画》，心情异常激动！因为是原作，比之报刊上所登的画更有感染力，而且采用中国土纸来装订成册，构成了完整的艺术品，突出了民族民间的形式美，而画作内容又是新的，很协调，简直让人爱不释手！

刘崙兴奋得涨红了脸，连连追问："画册谁设计的？"李桦说："雕塑家郑可设计的。"接着又向他介绍起了广州现代版画研究会的一些具体情况。刘崙听到这里，兴趣更浓了，抓紧时间向李桦请教："木刻是怎样刻的？"其实，这也

前面有咱们的障碍物（木刻） 1935 年

是他此次拜访李桦的一个重要目的之一。李桦笑了，认真细致地对他说：“什么叫新兴版画？就是创作的，不是复制的。版画包括木刻画、石版画、铜版画等，还有独幅版画和其他材料制作的版画。木刻画所用的材料，多是梨木、黄洋木、白果木……有木纹木刻和木口木刻。印色上有黑白的、套色的、油印的、水印的……有用抄更纸印、宣纸印和洋纸印的版画。至于刻刀，除了平刀斜刀外，还有圆刀、三棱刀、平口刀、排刀等。”说罢，他又拿来好些刻刀，并逐一示范刻了一下，以对证作品中的刻法和效果。

李桦还耐心告诉刘崙去哪里买竹壳、如何制印刷子，还告知他去买“德士古”木板，因当时有美国载运“火水”（汽油）箱子零卖，便宜，木质松软好下刀……

不觉中，时间已近中午。刘崙抬头，看见厅堂挂着李桦亡妻的遗像，又听到他的小女儿在同阿姨细语呢喃，还看见像罗汉般坐在厅旁打盹的李桦父亲……顿觉一阵凄凉吹进他的心扉；但当他和李桦兄握手告辞时，又感到李桦是一个意志坚强、诚实进取的版画家，那份亲和力与感召力深深地吸引着他，多么可敬的兄长、多么可爱的同路人啊！多种感受交集在刘崙心中，久久地，久久地盘旋、撞击！

不久，刘崙搭车回惠州老家，印好 50 张《河傍》石刻画，又到莲花井“松庐”，亲自交给李桦，参加《现代版画》的出版。这样，刘崙就正式成为现代版画研究会的成员了。

土劣（木刻） 1936年

在鲁迅先生倡导的中国新兴木刻运动指导下的广州现代版画研究会，展开了许多抗日救亡运动的工作。作为骨干的刘崙，在那时也受到苏联无产阶级文学艺术的影响，经常深入长堤一带，画码头工人、黄包车车夫、劳苦大众和珠江上的疍家人的生活速写，因此创作了《擦皮鞋的孩子》《前面有咱们的障碍物》《小贩不景》《1936年贺年片》等木刻作品。

广州现代版画研究会曾手印《现代版画》，寄给鲁迅先生指导，其中有刘崙创作的《前面有咱们的障碍物》《土劣》《联合战线》等木刻。

1935年10月，刘崙赴日本学习木刻。送给日本版画家料治朝鸣石刻两幅并代表广州现代版画研究会赠送中国珂罗版名画册，得料治朝鸣回赠浮世绘。在日本，刘崙还在“白与黑版画社”的帮助下，出版版画集——《北中国乡土玩具集》，并应邀参加了日本版画家举办的“1936年贺年片交换会”。

1936年，广州现代版画研究会又出版了一期《反帝专号》（上海鲁迅纪念馆藏）寄给日本木刻家。刘崙仍同日本的版画家有过交流，后因中日关系恶化而终止了联系。同年，广州现代版画研究会发起并联合全国木刻社团举行了第二回木刻流动展览会，在广州首次展出后移到上海、北京等地巡回展出，影响很大。刘崙是这次展览会的筹备人之一，还写了一份这次展览的建议书发表在《广州市民日报》上（已毁）。他创作的《土劣》木刻在上海展出时，被《良友》和《民族》等画报先后选登。

三/“艺协”战士

当祖国需要我拿起宝剑的时候，我就拿起宝剑去战斗；当时代需要我唱情歌的时候，我就倾情抒唱。

宝剑当能杀敌，如果英雄壮志消沉，也会被残敌的钝刀所毙。牢记：你的宝剑不要生锈，战斗的心不能消沉。

抗日战争年代，我们年轻一代的文艺家，多数能自觉地负起历史责任重担，真心实意地把作品送给人民，参加战斗，认为是理所当然的匹夫之责。但也有一些文艺家逃避现实，孤芳自赏，更有一些当上汉奸和特务，遗臭万年！

——刘仑《画语丝丝》

“九一八”事变后，我国东北三省相继沦陷。“七七”卢沟桥事变爆发前夕，国家危亡，人民处于水深火热之中。全国人民要求“停止内战，一致抗日”的呼声越来越高。抗日救亡学生运动的烽火，从北平、上海等地迅速燃遍全国。广州也不例外地掀起了救亡运动的高潮。

当时，广州的文化艺术界中存在着各种分散的社团组织，不同的政治党派和艺术流派，他们对抗日救亡运动的态度也不尽相同。但抗日救亡的大形势迫切需要大家联合起来，组成一个团结的文化艺术统一战线，这样才能充分发挥文艺工作者在民族解放事业中的作用。

1936 年 8 月的一个晚上，刘嵛受邀参加在广州市财厅，前上海杂志公司楼上召开的一个会议。这个会，大概有四五十人参与，主要讨论成立文化艺术领导机构的问题。会上，各方代表展开了一场激烈的争论，结果被国民党分子强行通过，成立了一个未能代表民族利益的艺术机构。

这个结果，显然得不到广大进步爱国文艺工作者的认同。于是，10 月 21 日，在不少进步人士的促成下，有关进步艺术社团代表，共一百多人，到白云山黄婆洞树林中开了一个大会。刘崙和赖少其、郑文生（肖殷）都参加了。当时，主持大会的是中山大学学生，会上，大家情绪激昂地分析了当前中国的形势：日本帝国主义的侵略日益严重，国家危在旦夕，匹夫有责。要积极响应北平、上海等地救亡运动的号召，要求政府立即停止内战，一致对外。广州文化艺术界也应团结起来战斗，不能妥协投降……最后，在大家充分统一认识的情况下，宣布成立“广州艺术工作者协会”，这标志着广州不同流派的社团组织都团结在“艺协”的旗帜下，为抗日救亡运动擂鼓上阵了。这个组织，实质上就是中国共产党号召下的文化艺术界的统一战线，具有划时代的伟大意义，它运用文化艺术手段，团结青年学生、文化艺术界的青年工作者，公开活动，在当时取得了很大的胜利。

不久，广州艺术工作者协会发表了由李桦、胡一川、赖少其、肖殷、杜埃、刘崙等 157 个会员联合签名的《广州艺术工作者协会成立宣言》。该宣言刊登在同年 12 月上海出版的《小说家》杂志上。“艺协”还出版过一期会刊，是 8 开单页的。刘崙在会刊上发表了版画《擦皮鞋的孩子》。后因广州沦陷停刊了（实际上“艺协”出版了两期会刊，其中一期是《宣言》书）。

“艺协”成立后，刘崙时常参加组长的联席会议。“艺协”各组组长的产生，是由各条艺术战线推选出来的，是具有代表性和进步性的中坚力量，他们对救亡工作起了非常积极的作用。由于组长来自各个艺术社团，许多艺术社团的成员大多数是“艺协”的成员，因此艺术社团的活动基本上体现了“艺协”的宣言要求。因而，也必然影响了社团以外的人，也必然会在运动中与不同思想、不同做法的人做不同形式的斗争。这样，各个艺术社团组织无形中成为“艺协”的基层活动组织。

当时，“艺协”戏剧组曾以艺协剧团的名义演过《黑地狱》《天津的黑影》《飞将军》和短剧《林中口哨》（此剧上演最多）《回头》《放下你的鞭子》等。广州沦陷撤退前，该剧团为筹款，在新华戏院演出讽刺资本家醉生梦死的生活的《天下太平》。“艺协”喜剧组与锋社话剧团等在广州演出的《黄花岗》等剧，影响也很大。

刘崙和其所在的广州现代版画研究会成员属于“艺协”形象艺术组，刘崙任组长。刘崙和诗歌组组长温流二人举行了一次“诗画联展”，以新版画与新诗相配合的形式，表现反帝反封建的内容，这在20世纪30年代应是一个新型展览的创举。

展览会场设在现今的广州北京路与西湖路交叉口一间照相馆的二楼。创作经费和会场布置等都是由画家、诗人亲自完成的。那时根本没有想到报酬，只有一条心，要把救亡工作做好。当时刘崙是一个23岁的失业青年，在动荡的中国社会里，自己该何去何从？当时的思想较为迷茫。好在他于政治上和艺术上找到了自己的同伴和道路。诗人温流是他印象最深刻的一位。可惜后来温流因鱼骨鲠喉开刀，不幸逝世。当日的展品也再难以找到了。后来，刘崙晚年曾写一篇文章纪念温流：

遥致温流

我与英年早逝的诗人温流同志是1936年在地下党领导的“广州艺术工作者协会”的战友。他是诗歌组组长，我是形象艺术组组长。当年我们都是二十多岁的热血青年，拥护“一致抗日”的主张。“艺协”的诗画两组战友曾假座西湖路大众摄影公司二楼，举行“抗战诗画联展”，获得很好的效果。

“抗战诗画联展”是我们自己创作、自己设想、自己出钱、自己布展的，内容以新诗、木刻和漫画结成一体的形式，近似街头剧、活报剧那样直接与大众连心，实为30年代展览的创举。

半个世纪过去了，而温流同志始终活在我们心里，现值纪念温流同志八十寿辰之际，奉上小诗，聊表战友的纪念。

曾记得，
乌云压城的三八年八月，
白云山上卷起了怒潮，
宣言书上闪耀着我们的名字，
誓为“抗日救亡”而战啊！

我们是三十年代的青年，
不当亡国奴，
不当书呆子，
走出象牙之塔，
把艺术献给大众，把青春献给人民，
把生命献给亲爱的祖国。

曾记得，
“七七事变”前夜，
“爱国有罪，抗日有罪……”
而你却高喊着，
在敌人的刺刀下，
在敌人的炮火下，
咱们开路，
保卫我们的国土。

温流同志，

1936 年《追悼鲁迅先生特刊》封面

你的诗，是民族解放的战鼓，
敲响在学校、街头，
工厂、农村；
敲响在人们的心坎里，
不许汉奸敌人蹂躏我们的国土。

战友啊战友，
离别你五十多年，
我们投入了一场又一场的战斗，
祖国换来了春天，又一个春天。
如果蛇狼再来，我们会把它消灭！

伟大的思想家、文学家鲁迅先生于 1936 年 10 月 19 日在上海逝世，震动了全国，特别是文艺界的有识之士。

广州地下党领导的“艺协”，以广州文化界的名义，于 1936 年 11 月 8 日在文明路中大附中礼堂举行“追悼鲁迅先生大会”。筹委会要求刘崙在两三天内完成特刊封面的设计、鲁迅木刻像及刊名的任务，然后将他刻好的封面《鲁迅不死》付印。

参加筹备“追悼鲁迅先生大会”的团体有：广州艺术工作者协会、民众歌咏团、妇女歌咏团、男青年会、努力文艺社、突进社、世界语研究会、众社、中国新文字研究会广州分会、南方青年社、现实动向社、文学生活社、大众文学社、前进社、我们的路社、活路社、新儿童社、半月文艺社、东南报社等。各界名流学者及热心人士为大会踊跃捐款。

刘嵛和李桦、赖少其等好友一起参加了追悼会。礼堂里，挤满了前来悼念的人。台上悬挂着鲁迅先生的遗像，摆着挽联和花圈。追悼会开始时，大家肃立默哀，留声机播放着哀乐，声音虽小，但整个会场气氛十分肃穆和悲痛！台上发言的同志语调沉重而激动，刘嵛心中充满了悲壮的力量，只觉得一个声音在耳畔炸响：一定要把反帝反封建的战斗持续下去！

会上，大家满含热泪散发了《追悼鲁迅先生特刊》。

为悼念鲁迅先生，刘嵛写了《我们要怎样纪念鲁迅先生》《中国木刻界没有忘记鲁迅先生》的悼文，其中《我们要怎样纪念鲁迅先生》一文发表于1936年10月28日《广州日报·艺术》第九期上（新中国成立后已为北京鲁迅故居展品）。

我们要怎样纪念鲁迅先生

刘　嵛

今年的秋天，在中国想不到突然来了个恶雷，我们相信吗？啊！但事实像铁般书着我们的鲁迅先生逝世之哀告！

鲁迅先生你去吧，我们不退后，我们要前冲！

但是，中国是怎样的一个国家呢？目前遭遇着帝国主义的屠杀、侵占，拼命地击毁我们的文化、政治……这样的混乱与苦难中，猛然陨落了一个反抗屠杀人类的野蛮主义的前线领袖，实是中国民族解放战阵中莫大的损失。

我们并不为了鲁迅先生死了而失却勇气，反之，我们应继续着为反抗残酷的封建，无理的刽子手而奋斗抗争到底，来完成民族解放的前程。

这样，我们不要只是开开纪念会、哀悼会，出出专刊，献献花圈，吊几条挽联，唱唱哀歌便算了事。我们没有泪，只有血；我们没有叹息徘徊，只有拿起刀向前冲。

我们是民族革命前线上的果敢战士，我们是世界的弱小者的战斗员，我们继续你的前路，去唤醒疾苦无依人们来携手而猛进，我们以血的行动来纪念你吧。

鲁迅先生你去吧，我们不退后，我们要前冲！

由于参加“艺协”的关系，刘崙认识了好些中山大学学生老大哥，他们多数是学生运动的领导者。他和赖少其、肖殷等同学，因开展运动工作关系，时常到中大学生宿舍住，并参加好些会议活动。印象比较深的有：

大概是1936年九十月间的一个晚上，法学院在礼堂秘密举行一个大会（刘崙后来才明白那可能是入党宣誓仪式），会前全礼堂不亮灯，宣布大会开始时礼堂里顿时一片光明，大家看见墙上挂着马克思、恩格斯、列宁、斯大林的巨幅画像，心情都十分激动！

还有一次参加了中大学生冯兆先等同志的追悼会。他们是在要求抗日的游行示威中（“荔枝湾事件”）被捕的。军阀陈济棠在撤离广州前，派公安局局长何荦暗地里把他们捆在麻包袋里投入白鹅潭中。抗日有罪，爱国处死，这些亲眼所见的人间悲剧，让时年23岁的刘崙悲愤填膺，他清楚地意识到：在这样的社会环境下，非革命不可！

在此期间，刘崙加入了“国际问题研究小组”进步组织，与肖殷、赖少其一起到中大校区参加了曾生同志主持的秘密活动。冯兆先追悼会后，按照曾生同志的指示精神，刘崙回惠州参加抗日救亡运动。回到故乡后，他为抗日救亡四处奔忙，促成《惠州日报》转载现代版画研究会会刊多期，并利用自己县立平山乡村师范专科教员的身份，掩护地下党员卢伟如、李子良等同志。他一面教书，一面为《救亡日报》等进步报刊供稿。其间，还创作了《报贩》《火炬》等木刻作品，经常往返惠州和广州两地，为抗日救亡运动奔走出力。郁风等进步人士主办的《抗战漫画》也选他为编委。后来，为解决好友赖少其来惠州工作的生活问题，刘崙毫不犹豫地把自己的教员职位让给了他。

七七事变后，抗日热情遍及全中国，古城惠州也不例外。地下党员谭家驹、彭泰农、何奕昌等发动惠州青年学生起来宣传抗日救亡运动。当时，在惠州的刘崙、赖少其等都积极投身到这一运动中去。1938 年，惠州成立儿童救亡工作团，这些热血青少年以文艺作武器活跃在惠州的每一个角落。他们慷慨激昂、声嘶力竭地在街头演讲，到处教唱抗日救亡歌曲，“大刀向鬼子们的头上砍去！”的歌声响彻全城。他们自制道具在十字亭、东新桥头、平湖门等地演出著名话剧《放下你的鞭子》《保卫我们的家乡》，教化民众要团结一致，共同抗日救国。刘崙在这一时期，以教师的身份指导儿童团的工作，他拿起手中的刻刀、画笔当宝剑，创作了不少木刻和宣传画，印发各地，还亲自走上街头参加话剧演出，以坚定民众坚持抗战必胜的决心。

被誉为“战车上的画家”（黄新波语）的刘崙，在广州沦陷后，奔赴广东三水前线宣传、写生，后长沙大捷，李桦电邀刘崙去采访，他又带领四战区长官部编委会特派湘北战区写生队的赵延年、陆无涯等，出发到战场，在“冷冷的北风中，发臭而肮脏的土地上”，“从朝画到晚，从饱画到饿，画到看不见颜色的时分”，历时一个多月。[1] 他们的活动范围在湘北，现大英博物馆收藏的刘崙木刻有好几幅题材就取自这次长沙会战写生。而后返回桂林举行画展，共展出湘北战地写生画两百多幅，大大地鼓舞了后方民众的抗日热情。

1940 年 3 月 29 日，刘崙自曲江抵桂，携战地素描作品一百多幅，拟举行个人战地素描画展。3 月 30 日，汪精卫在南京正式成立伪国民政府，自任主席。《救亡日报》第四版以整版篇幅，以“我们的声讨”为总标题，刊登了刘崙及艾芜、李桦、廖冰兄等桂林文艺界同人声讨汪精卫的一组短文。4 月 4 日，“刘崙战地素描展”

[1] 刘崙：《我们的画展——四战区湘北写生队》，载《广西日报》1942 年 3 月 23 日。

开幕，由中华全国木刻界抗敌协会和中华全国漫画作家抗敌协会联合主办，地点在桂西路桂林中学。与此同时，刘崙、梁中铭、新波、李桦、廖冰兄等留桂画家在现场画像义卖劳军，从上午10时至下午4时，每张定价两元。6日，刘崙与桂林文艺界同人艾芜、李桦、廖冰兄等，在《新华日报》《文艺之页》上发表文章，继续声讨大汉奸汪精卫的卖国行径。4月7日，“刘崙战地素描展”结束后，迁移至广西地方建设干部学校继续展出。11月17日，刘崙携“木刻十年展”作品离桂林赴曲江展览，不幸的是，在运输途中全部散失。

其后，香港《立报》刊登罗布《战地漫画观后》，指出全国漫画作家协会香港分会举办李桦、刘崙战地速写画展，其“作品不只有血、有肉、有灵魂而已，技巧也有高度水平。最值得注意的，是线条生动活泼，构图多变化，没有一点呆滞，这也许是速写的优点，然而这优点的表达却不容易”。而“作品中偶有荷子先生的插诗，也很别致，增加观者不少的兴趣，为了感染性的提高，文学与艺术的交流是应该的”。

刘崙的个人战地素描画展在韶关曲江展出后，曾产生了较大的影响。《中山日报》韶关版先后刊登郭锦恩《看完刘崙画展之后》、周镕《从野兽派作家刘崙个人画展谈到中西绘画艺术的共通性》等多篇文章。

其中，吴琬（即书法家吴子复）在《为刘崙素描展说几句话》中写道：

抗日战争，对于中华民族，真是一次最艰苦同时也是最强有力的锻炼，正如铁被投入熔炉炼成纯钢的过程一样，艺术的活动在抗战过程中，也跟着整个民族的活动一起，日益坚强，抗战中激烈的社会变动，改变了艺术家自己的生活，卷入了抗战的大洪流中。民族生死存亡问题肉搏到艺术家身上，艺术家也必须以他的国民的资格去效劳于国家。这是时代对艺术家的要求，同时也是艺术家的时代的任务。为了这，艺术家的血沸腾着，艺术家也杀上前线来！

从刘崙的作品里，我感觉到艺术家的脉搏正在急剧地跳动，当这艺术家投身到这现实的怀里时，就张着他的贪婪的眼睛，运动着他的颤动的手，急不可待地大收获的素材——写他的素描，画面上都洋溢着他的热情，洋溢着一个艺术家对这伟大的时代的一切，贪恋的热情。他的素描，就是他的热情的结晶品，虽然技巧在初期的作品中，还有不少地方难满人意，但是，技巧只不过是帮助反映现实的工具；没有对现实的热情，纵有纯熟的技巧，也不能反映出现实的真实。世界上有技巧未曾纯熟的伟大作家，没有技巧熟练而心如顽石的伟大作家。在他的热情鼓舞着不断的工作中，技巧有显著的进步，这可以从他初期作品《惠阳劫后》速写和近作《煤工》《煤车司机阿四》《伟大的铲子》等比较一下就知道，这几张都是运用一种战时的最简朴的工具——竹笔——写成的。《煤工》画面上写两个煤矿工人，一个左手放在大木桶上坐着休息，一个坐在他的背后抽水烟，明快的调子，轻松而又有力地描写出个典型的湖南工人，从他粗糙的指头，壮硕的臂膀，雄健的胸脯上，显示着坚韧耐劳的性格，显示着不屈不挠的精神；《煤车司机阿四》在傍晚的阳光中，阿四挽着竹筐子，站在高坡上，阳光是那么的温暖！《伟大的铲子》是□坑附近的风景画，煤堆旁插的铲子，像是正在站着休息一会儿的工人，一会儿后，它还得继续它的伟大工作呢；《黑黢黢的煤卡》这一幅更告诉我们，作者的技巧的日进，两列煤卡上面正闪耀着“铁”的冷光。

因为有丰富的生动的实生活的体验，刘崙的作品，无论在构图上、形式上，都有不可企及的变化。艺术是现实的反映，艺术作品的内容应该是现实的真实，艺术家必须投向现实的怀里来。

（节选自 1940 年 10 月 22 日，韶关《中山日报·抗战木刻版》第三期）

被炸断了的东新桥（竹笔画）
1946年

对于这一段特殊的经历，刘嵛也曾在1940年发表于香港《耕耘》杂志的文章《在南战场的十三个月》中写道：

我怎能忘却这十三个月战地的生活呢！是的，正如慈母替儿子拍掉了征尘，但儿子脑袋里的征尘是不能拍掉的了。一种刺心的，紧张而悲壮的战争生活，像一把燃烧着的真理火炬，永远地，永远地明照在我的脑袋里。

这时候，我好像一个捕捉真理的诗人，一个斗争的艺术工作者。因为艺术到了这时候，便兑现了一种慰藉与鼓励杀敌的效能。为了祖国，为了胜利，就是在兵队里跑来跑去画像，即使劳苦，或是从此会失掉了青春的话，那自己也是值得的。

可是使我最痛苦的，就是在前线找不到画纸、颜色等的供应。尤其是在从化前线的半年里。但后来便以土纸作画纸，墨作颜色，毛笔与自制的竹笔作画笔。记得在罗洞前线，就是用这些地道货画了几张对抗伪军与日军的宣传画。后来由政工队的同志带到敌我格杀的地方——神岗——贴去了。比起他们扯回敌人的宣传画，在物质上差得太远了。

可是，在物质条件限制下，我们没有感到失败，正如日本鬼子灭不了中国；我们失了城市也一样地打仗，失了道路在山地上打游击，在我们国土上，一切是不会死亡的。反之一切会再复活会新生了起来。我们应该呼一声“中国万岁！”

后来有郁风、永泰、吉涛、梁绮等同志赠来了画纸和颜色，那时，在我认为是至宝了。当每次紧急的行军中，我都带着它，我曾向同事说：“假如打败仗，愿丢衣物，不愿丢画纸。”朋友，在后方的朋友，这句话是没有说谎的。画纸在你们手上不会作为至宝，但在前方，真是“我的心肝儿啊”！

在前线，纸是这样的宝贵，战地上画的速写，更使我宝贵了。记得有一回进军时涉流，给一个水底的石滑倒了，我跟干粮袋一同倒在急流中，起来一看：哦！

前线军民（木刻） 1940 年

我的日记，我的心爱的画都湿了一半，便马上跑到炉火旁烤了一晚。我想这与一个母亲在寒天烤干衣裳给儿子穿是没有两样的吧。

十三个月！十三个月的日子里，换来了两百多张的战地画，没有落在敌人手上，没有烧掉，也没有留在急流的山洪里，却安全地由琶江带回到东江，由东江带到香港，虽则不值钱，也不敢说是中华民族的光荣史话，但在自己劳苦上，心愿上是值得宝爱的。

1945 年 8 月至 1949 年 8 月，刘崙专任中山大学师范学院美术讲师。其间的木刻作品《秋收》选入美国出版的 *CHINA IN BIACK AND WHITE* 画集。接着他的《前线军民》等多幅版画作品参加“抗战八年木刻展”，刘崙光荣地当选为“中华全国木刻协会”监事。

抗战胜利，刘崙随中山大学复员回广州。当他看到家乡惠州，因为抗战沦陷，全城破坏，满目疮痍，被日军炸断的东新桥不屈地指向高空时，立即以悲愤的画笔创作了著名的《被炸断了的东新桥》等竹笔画多幅。

1946 年 12 月 24 日晚，古都北平发生了美国海军陆战队士兵皮尔逊强奸北京大学先修班女生沈崇的事件。在中国共产党的发动和支持之下，迅速发展成为一场席卷全国的反美反政府的政治运动。地下学联通知刘崙和李友敬、黄嫣曼同学一起为中山大学师生在广州的示威游行，赶画队前宣传画《美军滚出中国去！》，接着，又为中山大学反美锄日辩论大会讲台画宣传画《团结就是力量》。

四/ # 台湾写生

创作源于生活，作品发自内心，画家应以满腔热情表现我们的时代和人民，从而得到人民的认可和奖赏。

创作源泉来自生活是正确的，但有生活而不熟悉生活是假的。熟悉生活而不会提炼生活，升华为作品，那也是假的。

画家画山水，不是山水画画家，山水画的创作是画家借山水来表现自己的思想感情，不是山水决定画家的思想感情。

艺术贵在“情真”，即使作品在不同时代、不同民族，它都能感人，作品就有生命力了。“情真”好像水一样，人离不开它，鱼也离不开它，万物都离不开它。当然，我们要真情，水要清。

——刘仑《画语丝丝》

1945 年抗日战争胜利后，一批大陆画家怀着复国的喜悦心情来到宝岛台湾，促成了“抗战胜利”初期那段大陆—台湾美术交流的短暂高潮，在台湾的美术生活中发挥过较大的作用，刘崙便是其中的一位。

刘崙当时在广东中山大学任教，正逢中大教育系三七级考察团前往台湾考察，刘崙受学生之邀一同前往。他个人当然也是怀着写生的目的来的。

1948 年 1 月 7 日，刘崙他们一行乘“台中号”货轮驶向台湾。他曾深情地在日记中写道：“我们浮在绿海上，画了条长长的白线……在海上，风是绿色的，太阳是绿色的，船儿也是绿色的……那么，我们做了孩提，睡在绿色的摇篮里，听绿色的歌，这样难道不爱海么？”

刘崙在台湾考察结束回大陆后，曾经在中大总办公厅举行了“刘崙先生台湾南部写生报告展”，在广东文献馆、广州市艺专、南武中学作了讲演和展览会，

高山族盛装妇女（水彩画） 1948 年 58.5 cm×38 cm

高雄港舢板（水彩画） 1948 年
38.5 cm×58.5 cm

对于台湾的教育经验和风光，加以宣传介绍。

刘崙本人在 1948 年 4 月 19 日的广州《大光报》上发表了《在台湾南部那边》近两万字的长篇日记体游记，详述访台写生的经历。文中既有对台湾自然风光、人情风俗的礼赞，也有对艺术创作的思考。这些文章对了解抗战胜利初期台湾的施政、汉民族与山地同胞的民族关系、心态，也颇有参考之处。

从刘崙的日记中可知道，他们前半个月时间在北部考察教育，2 月 5 日他本人就离群行动，南下高雄写生，还先后到了台南、屏东，进入石门村高山族社区，游四重溪、恒春、鹅銮鼻、枋寮渔场，攀泰武山，看阿美族的歌舞和木雕家的作品，然后由佳佐、潮州返台南后，北上基隆乘船回广州。

刘崙曾说："譬如读小说与亲历其境，在实感上是不同的。前者只是精神上的共鸣，而后者却是精神、肉体兼有的交感。"这次旅台的体会，在他的记忆中是深刻的。

他在台湾不仅感受到"海潮不可遏止的力""风的力"及"夜雨敲窗""山高月白云流"的意境，而且常常发出"做个高更回到原始人的怀抱去"的感叹！在石门村，高山族同胞乡长暗示想把长女嫁给他，劝刘崙："这里好，不要回（大陆）去吧！"他最终婉拒了，却从乡长这句纯朴的话里，感受到人世间的温暖之情。

与高山族同胞的接触，也促使他产生记录高山族歌舞的愿望，"让一种健康艺术之泉，流到许多别的地方。"他称这种歌舞"有力、朴茂"，是团结的艺术表现。就是从高山族同胞醉酒中也感到"强者"的豪情："花折断了，人（却）是铁打的，站起来又舞唱了。""觉得他们的身体，像烧热了的石头，坚实的实在太好了。""像这种携手才是亲者，这种歌舞才是自然，这种动作才是有力，这种艺术生活才是人类自己的。舞着，唱着，在高山的夜里，云遮云散，更觉得意义不同（编者注：指与城市里颓废歌舞的对比）。"

走向清泉（水彩画） 1948 年 29.5 cm×38 cm

文章还记述了到石门村画高山族 1874 年抗击日本侵略者的古战场。后来在台南师范又听到一位高山族学生唱“我们反抗日军……”的战歌，为那“声调悲壮、充满呼喊起来抗争的情意”所感动。刘崙为了搜集高山族的木雕，从许区长那里得知南部高山族木雕艺术以泰武乡、万安村的为最好，就深入这个山乡，并且在那里过了七天，还访问了一位叫高国男的青年木雕家（这篇访问记可惜没见到）。

刘崙搜集到一些床板大的木雕、刻有图腾的山刀、木雕烟斗等实物，并带回大陆。看到这些收获，台南一中苏校长、中华日报社副社长等文化人士“像他们自己做了一件事那么高兴”！那个时候，有良知的文化人的风貌就是这么可敬。

刘崙在台湾的写生以人物为主，并在每一幅作品中，都注入画家的思考和追求。他在台湾期间，曾给好友杨秋人、王益论写信谈道：

枋寮是渔港，打鱼为业的人很多。在这里有很长的沙湾，浪潮一排排打上来，又退下去……孩子们戏潮，大人们钓鱼，撒网，一群渔船浮在海面的远方近处，左边右边，无论是黄昏，早晨，气象辽远，云水交融，泰纳“老舰”不过如此，然而，这些是竹排的薄薄渔船，而不是战舰……

在灰赤色的沙湾上，有茅盖的渔民休息处，有许多晒着的网和摆上来的渔船，

舂米（水彩画） 1948 年 29.5 cm×38 cm

渔船是有赤黄色的帆，渔民常穿白色的上衣，肌肤深赤发光……这一切都照动在深蓝的海面，好看得很，好看得很！

海的色，在我们的观念上，是蓝色的或绿色的，然而，这观念的长成，不是早在童年时代？这样，我们为什么要跑到海边去写作？正如我们读过战争小说，试问我们曾经受过战争洗礼的人，是否感触一致？作为读者，或听者比之作者和亲历其境的人，在实感上是不同的，这样前者只是精神上的共鸣，后者却是精神肉体兼而交感。这些问题本属于创作与欣赏的事情，不过，我无形中写出来了。

我在静静地说，要“真实”就要深刻的认识，因创作要靠深刻的认识来做基础。

从这几段话里，王益论总结出了刘崙此行的收获：“一、给岛国的风光所陶醉了，凡有绘画，无不洋溢着一团和气；二、跟大自然的脉搏一起上落，故而不仅在观念上并且在实感上深深地认识大自然的形形色色，以及这些形形色色所会合起来的全新的境界。”

这也正如杨秋人在《看刘崙的画后》所评论的那样：

刘崙从台湾带回来近百幅台湾南部各地的写生作品，大体上可以分为两部分：

一部分是“山”，另一部分是“海”。海的部分不仅画的是海上自然景色，也包括了那些终身投在海的怀抱中的渔人生活；所谓“山”，实际上描绘的却尽是深居山中的高山族山民生活。

久居都市里的人看了这些另一境界的作品，实在感觉十分兴奋。伟大、壮丽的海，简朴的山民生活，对于日夕生活于烦扰的现实环境里的人，不仅是一种新的刺激，恐怕也是一种引诱。尤其是后者，一种近于原始型的生活，自由、热情、坦白而毫无虚饰，在他们的全生命中充满了真，也充满了美，怎叫人能不向往呢？后期的印象派大师高更，便是最能体味此种纯朴的生活意义的一个。他厌弃病态的烦扰的文明生活，酷爱健康的简朴的原始型生活。他离开繁华的巴黎，漂到南太平洋的塔希堤岛上，娶蛮女为妻，与土人同化，老死不返故乡。这样，在岛上他完成了许多忠实于他的生活，充满生命力的不朽作品。

我知道刘崙既没有出世思想，也无隐逸兴趣，可是大自然的美，淳朴的原始型生活的爱，毕竟曾叫一个天真的画人留恋、陶醉，并使他的创作欲亢进。他虽然没有像高更一样永在海国的深山中住下去，不再归来，但从他在仅两个月中所完成的百幅作品里，可以看出他陶醉于他所置的环境中的生活是那么富于活力。创作的源泉从他这一段丰富的旅行生活中涌溢出来，在短短的两个月中，他严谨地完成了这些作品，对于他个人来说，不能说不是一个大的收获。

20世纪40年代，像刘崙这样去台湾访问的画家，为大陆与台湾的美术交流起到了桥梁的作用，是他们为台湾画坛带去了木刻这种很有价值的艺术形式，带去了社会素描这种体裁。他们还通过自己的创作反映了当时的台湾。这几点成绩，是不会被淡忘的。正像台湾在他们心中没有被淡忘一样。

五 / 血火洗礼

我的艺术座右铭仍然是："当祖国需要我拿起宝剑的时候，我就拿起宝剑去战斗；当时代需要我唱情歌的时候，我便倾情抒唱！"

创作需要"净化"。"净化"能使思路集中，专心地去完成其作品，并无神秘感。"净化"也可视为一种修养，平衡画家身心的能力。长期获得"净化"？那是很难的。而今，能做到"短暂"的"净化"也就满意了。

有人认为，一强调"道德"二字，就会污染了艺术创作似的，作品也就失去纯真的光彩，又认为"道德"是政治家、宗教家的事，与艺术无关。但我认为：画家创造出来的是美，而与真、善应是兄弟一家亲。

——刘仑《画语丝丝》

1950 年 8 月底，刘崙应南京市文联主席赖少其同志的邀请离开中大去了南京，担任南京市文联美术部总干事、文联美术部委员。后来，刚成立不久的南京军事学院，急需各方面的专业教员，在赖少其的推荐下，刘崙与夫人杨少娟于 1951 年 5 月到南京军事学院入伍，学院安排刘崙担任政治部文工团美术组教员。在那里工作仅半年，同年 11 月，刘崙又被调往北京总政文化部，担任《解放军文艺》第一任美术编辑。

志愿军入朝参战以后，刘崙很想去朝鲜战场采访。1951 年，廖承志代表国家组织文艺界的人去朝鲜采访、画画等，当时北京那些比较有名的画家都报名参加了。但当刘崙知道这个消息的时候已经迟了，所以就没能参加廖承志组织的那次活动，感到非常遗憾。

刘崙为什么有这么强烈的愿望要去朝鲜战场呢？一方面是因为刘崙 1951 年参军之前的工作是画画和教书，服务对象是学生和百姓，参军后服务对象突然转变

英雄魏明（木刻） 1952 年

成士兵、部队，他总感觉自己对部队一点都不熟悉，所以为了更好地为部队服务，他决定赴朝鲜战场，亲身去体验部队的战斗和生活，创作出真正反映军队情况的美术作品。

另一方面，当时非常强调知识分子要改造自己的世界观，要到基层去体验生活，与工农兵接触，改造知识分子的非无产阶级思想，而奔赴前线是了解军队、改造世界观很好的途径。所以，1952 年 4 月，刘崙再次向总政文化部提出申请，要求单独奔赴朝鲜战场。但是，上级考虑到刘崙已经将近四十岁，还是不批准他去。

倔强的刘崙不死心，他感觉到文艺的力量在鼓励着他，他在日记中写道：“文艺可以改变人的灵魂，让人变得勇敢、不怕死。”于是，他认真阅读从战场上发回来的一篇篇报道，并根据抗美援朝报告文学描述的英雄事迹，创作了木刻《英雄魏明》。一时间，画作引起了广泛关注，并大受好评。总政领导也惊动了，专门特批他单独入朝采访。

刘崙得到批准后，兴奋不已，抱着无所畏惧的勇气，立即打好行装，只带着简单的行李和画画工具，独自奔赴朝鲜战场。当然，在他随身携带的物件里，除了画笔和速写本，还有一张贴身揣在怀里的爱人杨少娟和大儿子的照片，他要自己最心爱的亲人为他壮胆。

刘崙一个人乘火车到了安东，当时为了防止晚上敌人飞机根据火车上的灯光进行轰炸，火车到安东后就开始用黑布遮住窗户，那时的情况非常危急。下了火车后，他只能坐汽车一站一站地前进。途中，他听随行的战士说，一些韩国特务会将刀、叉等利器放在电线上面，等敞篷汽车经过，利器掉下来，就会神不知鬼不觉地要了车上战士的命。刘崙这时才感到，危险随时随地都会在身边出现。所以，一路上，他都谨记战友们的叮嘱，随时预防危险的发生。

朝鲜的每一条公路都有防空兵，公路是运弹药、粮食和战士的重要通道，美

我们仨，刘仑夫妇与1951年在南京军事学院出生的大儿子合影

军在那里设了封锁线，飞机日夜来袭，因此必须有防空兵负责维护公路的运输安全。如果他们看到敌机飞来，就吹哨子警告汽车去躲避，防止被敌机击中，等敌机飞走了就叫汽车快速通过。刘崙也曾经有过在公路上被敌机追击的恐怖经历。

有一天晚上，刘崙他们乘坐的吉普车在路上行驶，敌机发现了，就开始追击，他们的车拼命躲避，后来躲到了一个村庄里。刘崙自以为安全了，就不管不顾地开始睡觉，到第二天早上起来，才发现他们寄宿的房子已经被炸毁了一半。再出门一看，很多地方都被炸毁了，残垣断壁，子弹把墙都打花了，墙上有很多弹孔，还有一个美军坦克上的炮被打歪了，可见两军曾经在这里交战过，而且战斗非常激烈。土地已经被炸到全烂，到处都有被炸得鱼塘般大小的洞，但是志愿军战士们非常乐观，他们在弹坑积水里洗澡，还坐在旁边吹口琴呢。刘崙后来一想起都感到后怕。

在美军封锁线附近，我军除了布置防空兵外，还有小门高射炮，专门攻击来袭的敌机。但是这些高射炮只有100米射程，炮弹打上去就爆炸，所以听到飞机声就要提前瞄准和计算好，敌机刚刚飞过来就要开打。一门高射炮通常由几个人负责，那里没有掩护也没有遮蔽物，很容易就被敌机击中。志愿军战士们真的很勇敢。刘崙曾经去体验过高射炮，他站在高射炮旁边，开炮时大喊一声："打！"非常过瘾！有了这样的切身经历和体验，作为画家的刘崙，更能理解他笔下的这些志愿军了。

在朝鲜，刘崙还有一次最危险的经历，他差点被炮弹打中。当时，敌军的一架侦察机刚好经过，被我军发现了，我方就开炮打击，但是敌机躲开了，炮弹就直接落到我方部队附近炸开，弹片就掉在刘崙他们一群人身边，他差一点就被击中了。看着身旁的那些大树都被炸得四处飞起，刘崙彻底体验到战争的残酷。

虽然在朝鲜战场处处惊心动魄、危险重重，但是刘崙感觉自己收获颇丰，其

板门店的边缘（木刻） 1952 年

中还有一份珍贵的跨国友谊。一次，刘嵛在等车的时候认识了一位朝鲜记者，当时，他和朝鲜战士一样热情地唱着《金日成将军之歌》。那时朝鲜的交通状况很不好，等车等了好几天，刘嵛就和这位朝鲜朋友逐渐熟络起来。回国后朝鲜记者还给他寄过信，抗美援朝时，中朝人民真是一家亲啊！

刚到朝鲜的时候，刘嵛拿着介绍信去部队报到，受到了各站同志的热情招待，他还到了板门店附近，后来才知道魏巍也在那里。刚到朝鲜，面对残酷的战场，刘嵛渐渐从兴奋转向害怕，刚开始通讯处小兵带他去报到的时候，听到飞机轰炸的声音，惊得步子都迈不开了，后来小兵悄悄告诉他，其实这种声音是飞机在离他们很远的地方轰炸的。经过三个月的战场生活，刘崙慢慢习惯了这种战斗的气氛，也能做到像其他战士一样，遇事不惊了。

在部队里，刘崙也同战士们一样住在防空洞里，防空洞很潮湿，他就常常跑到洞门边睡觉。但这也有个缺点，总是听到巨大的爆炸声，往往把人从梦中惊醒。当时，刘崙很想上战斗第一线看看，去体验真正的战争，但是指挥员不让他去。他们觉得刘崙是总政派来的首长，必须保证他的安全。一般人都只能去三线，在刘崙的强烈要求下，他们才答应，让他到二线。

为了保证刘崙的安全，指挥员除了不让他去第一线外，还不让他到板门店，以免暴露身份。但是刘崙还是忍不住好奇，偷偷跑到山冈上，看到了著名的板门店。板门店是经过双方谈判确立的中立区，周边有几个升起的旗帜表明双方都不能在此处开战，但是板门店外围就很危险。刘崙所在部队的那座山头曾被炮弹轰炸焚烧成黑色，凝重而深沉，这个画面给画家留下了刻骨铭心的记忆，刘崙即时将其画了下来，并做成了木刻画。

朝鲜战场上的一切对刘崙来说都是陌生的、新鲜的，所以他尽可能地抓紧时间画画，看到军队在坑道里点着灯开会也画，看到战士擦枪也画。刘崙没有带照相机，他说即使有，自己也不会用。因为他觉得照出来的画面，抓不到最形象的东西，而画家是要用手将东西画出来的，通过自己的手来感受，而不是照搬。

在朝鲜战场的三个月，刘崙用素描、速写、水彩等方式，一共画了近四百幅画。其中，著名的有《泉边洗衣》《火线插秧》《胜利快板唱起来》等。有的时候，白天的战地采访很累、很疲惫，但他还是会坚持画到很晚，因为他要抓住自己每一天的那种最朴素、最真实的感受。从朝鲜战场回来之后，他还继续创作关于战场的美术作品。这次沐浴血与火考验的亲身经历对他后来创作的影响很大。

泉边洗衣（水彩画） 1952 年

六 / 四度长征

四度恋游康藏路，一生爱画雪山图。

以情写画，以情画形，以情传神，情是贯穿艺术创作始终的生命。

“民族风格”和“时代风格”的形成，是由众多画家和人民长期创造出来的。

作品达到“出神入化”的境界，要靠纯熟的艺术技巧，更要有艺术家的情真意切。

画家的任务：一是表现人和社会，二是表现大自然，无论他采用什么体裁和形式进行创作，都该得到自由和尊重。

—— 刘仑《画语丝丝》

你是一个海燕，
一个太阳，
一个真理的传播者，
你勇敢地掠过暴风雨，
跨过黑夜，
播下无限的真理种子。
你呼唤着：
“东方的奴隶们起来，
争取我们的永生！”

这是刘崙 27 岁的时候写的一首小诗。后来，刘崙曾说，用这首诗形容当年爬雪山、过草地进行英勇长征的红军战士们最贴切不过了。作为一名军人，刘崙始终对红军当年的那段令世人赞叹的传奇怀着深深的敬意。因此，他内心也一直有

1955 年膜拜长征路上的万年雪山

一个强烈的想法，要用自己手里的画笔，描绘当年英勇顽强的红军战士，描绘壮美的大雪山，描绘伟大的长征精神。

1955 年，他终于有了一个很好的机会。

当时，八一电影制片厂要拍纪录片《长征路》。刘崙当时在总政《解放军文艺》担任美编。组织上考虑到纪录片拍摄需要有画家进行画面指导，就让他参加纪录片的拍摄。最后又增加了三人：著名油画家董希文和部队老画家关夫生以及剧作家耿西。

当得知自己要跟着剧组一起到贵州、四川重走长征路的消息后，42 岁正当壮年的刘崙激动得几天都没有合眼，他为自己终于有了一次机会去膜拜那些牺牲在雪山、草地上的红军英灵而激动，他为自己能够亲身经历当年红军经历的艰苦岁月而激动，他更为自己有了特别好的创作题材而激动。

为了这次千载难逢的机会，刘崙做了大量的准备工作。组织上也对他特别关心和照顾，给了他大量关于当年红军长征期间的文章、资料，以及老红军的回忆录和照片，其中很多还是内部资料，没有正式发表过。行前，在翻阅材料的过程中，刘崙内心受到了强烈震动，也使他对红军长征有了更为深刻的认识。他觉得，中国工农红军中的千千万万个普通的战士为了共同的理想而团结在了一起，汇聚成了勇往直前、坚忍卓绝的红色铁流，凝聚起了无私奉献、永不言败的长征精神。而正是这种精神使他心潮澎湃，心绪难平，也使他下定决心一定要创作出优秀的关于红军长征题材的作品。

这次重走长征路，不是蜻蜓点水式的，而是去了整整半年。当时四川、贵州的一些地方还未通汽车，只能步行，或者骑马，刘崙就是在这样艰苦的条件下，

红军过草地（油画） 1957 年 160 cm×300 cm

走遍了四川西北的甘孜和阿坝等地。

一路上，他们可谓风餐露宿，吃得非常简单，住得更不讲究。刘崙，硬是凭着内心涌动的这种激情，立志要把重走长征路期间所有的见闻都用自己的画笔表现出来。于是，遵义会议旧址、娄山关、乌江、雪山、草地，一直到甘肃，无论到哪里，刘崙始终没有闲着的时候，不是去瞻仰革命遗址，就是去拜访老红军，请他们讲述当年长征的经历，有时还给他们作画，为纪录片的拍摄提供画面参考。

也许因为这次重走长征路的采访、采风成为刘崙内心永恒的记忆，而这种记忆也以极快的速度融入他的血液，以及他迸发而出的创作激情中。回到北京后，他根据路上所搜集的素材，一口气创作了版画《通信兵》《红军过雪山》和《红军过栈道》等作品。其中，1957 年，他满怀火热的激情，创作出的油画处女作《红军过草地》，一经问世，便获得巨大成功，多家美术馆、博物馆要求复制和收藏，国家教科书里也收入作介绍长征历史的插页，最后入选中国人民解放军建军三十周年美展，经上级审定，长期陈列于中国人民革命军事博物馆（现中国国家博物馆）红军厅。

刘崙年轻时代的好友、著名艺术家赖少其在谈到这幅画时认为：“新中国成立初期，刘崙很长时间生活在北方，特别是走过红军长征的路，他亲历长征的艰险，茫茫的草地一望无际，6 月结霜，风餐露宿，有时一幅速写要经受晴天、飞雪、落雹三种天气，大量的感受使刘崙触景生情，红军的形象经常浮现在他的脑海里，这是使他后来能够创作《红军过草地》的最重要原因。”

从此，雪山、草地成为刘崙选择的艺术语言，刘崙并以此开拓了自己的艺术长征。刘崙重走长征路后，就从自身体验出发，毅然选择了雪山、草地作为自己

红军过栈道（木刻） 1957 年

红军过雪山（木刻） 1958 年 45 cm×91.2 cm

作画的依托，自立风格，面目有别于国内其他画家。“雪山”作为艺术的载体，象征高峰，象征贞洁，而雪山与红军二万五千里长征的联系更具有特别的含义，它象征着开拓、进取，它不富而贵，有不可估量的精神品格，其意境的深远，绝对不是一般的山水画能够与其相匹敌的。

1958 年，八一电影制片厂和北京电影制片厂联合拍摄中国第一部彩色宽银幕电影《万水千山》，因为刘崙是解放军总政治部沿着长征路写生的第一位专业画家，又创作了一批长征题材的作品，总政便指派他担任影片的美术顾问。这样，刘崙第二次重走长征路，又见到了雪山、草地，走过了泸定桥、腊子口……当时，刘崙的任务是根据剧本提示创作“气氛图”。他所画的 80 多幅“气氛图”，截取了剧情中的重要场面，有人物、有景色。人物手中的武器、红军战士的衣服和身上的水壶、挎包等物件，其造型均以写生素材和史料为依据，对导演、演员、摄影师都具有重要参考价值。

《万水千山》成功拍竣后，刘崙的画夹里也添了不少珍贵的写生作品。

凭着这股强烈的“长征情愫”，刘崙在 1959 年、1962 年又两次重走长征路，这两次是独自一人上路。当时正值我国的困难时期，途中的艰难险阻可想而知，但心中的坚强信念使他从来没有任何动摇。他说，红军爬雪山、过草地，缺衣少穿，同他们相比，自己幸福多了。一个人重走长征路，会发现一些红军长征中的细节，可以很从容地拜访一些老红军，跟他们直接搜集第一手资料。

这四次重走长征路，刘崙收获颇丰。他用油画、水彩、铅笔等形式画了 300 多幅写生。先后创作了油画《红军过草地》，版画《通信兵》《红军过雪山》《红军过栈道》，国画《红军女战士》等佳作。

红军女战士（国画） 1973 年 47cm×34 cm

1981 年创作《北上军号》时留影，杨少娟摄

令刘崙不曾预料，也伤心不已的是，“文革”期间，曾给他带来许多荣耀的油画《红军过草地》竟被诬为“黑画”，“造反派”们说刘崙把红军画得衣衫褴褛、垂头丧气，像一队打了败仗的“逃兵”。刘崙也主要因此原因戴上了“历史反革命”的帽子，带着四个孩子被押送到陕西军分区五七农场改造，而且，一待就是整整 6 年！“若不是碰上‘文革’，我准能创作更多红军长征题材的美术作品。”刘崙曾惋惜地说。更令他惋惜和心疼的是，名作《红军过草地》从军事博物馆撤下之后，至今仍下落不明！

1972 年 2 月，刘崙终于被解除劳动锻炼调回北京军事博物馆等待分配。他将名字“崙”改为“仑”，意指反对“山头主义”，并将其画室题名为“笔耕堂”。1976 年，刘仑申请转业回到广东。总政有关领导后悔没有把他留住调去解放军艺术学院当教授培养美术人才。十一届三中全会后，刘仑的“历史问题”得到彻底平反。行动上的桎梏卸除了，思想上的羁绊解开了，念念不忘长征的刘仑，不顾年近古稀，毅然拿起画笔，又画起了长征。他说：“我的油画《红军过草地》下落不明，我现在用中国画再补上。”先后创作了国画《北上军号》（省美展一等奖）、《过岷山》和《红军渡急流》等佳作。每当谈及这段经历，刘仑都会十分自豪地说：“你说我是‘反革命’，我这辈子偏要画革命画！” 铿锵有力的话语，无不让听者动容。广东省电台曾以“可贵的信念——画家刘仑的长征画创作”为题，连续多天对刘仑的这一事迹作宣传报道。

刘仑长征系列画作中的一幅精品《永生》（现收藏于惠州刘仑美术馆），画于 1984 年，当时已 71 岁的刘仑，宝刀未老，笔健有力。画面表现的是一只红军战士紧握钢枪的手，一杆指向天空的钢枪作为画面的主体定格。天空云层低垂，于无声处塑造出一种直指人心的悲怆力量。该作品体现了刘仑长征题材作品独具特色的艺术构思，给人以巨大的震撼力，曾有评论云：“手！一只手。确切地说，

红军渡急流（国画） 1984 年 152 cm×83 cm

红军渡急流(国画局部)

这是一只红军战士的手。这只将要没入草地沼泽里的手紧握一杆钢枪。天空，云层低垂，天在哭泣。草地，你这可诅咒的草地啊！此刻，你正在扼杀一个战士的生命。很快地，他整个儿没入泥沼里了。泥沼上就剩下这只握枪的手了。现在，这只握枪的手就定格在刘仑的国画《永生》里。”

刘仑在完成这幅画作后，还亲自题诗一首：

永生

陷入草原黑泥中的战士，
他死也把钢枪举起，
这并非神话，
他已化作彩虹照耀着华夏。

战士心爱这支枪，
因为它曾为人民，
南征北战……
喷射出仇恨的火焰。

永生（国画） 1984 年 153 cm×68 cm

过岷山（国画） 1991年 95 cm×169 cm

陷入草原黑泥中的战士，
他死也把钢枪举起，
这并非谎言，
他已化作圣洁的雪莲。

《过岷山》是刘仑晚年的又一幅代表作，著名画家，曾任广州画院院长的张绍城对该作品评价道：“画中以大片的空间画出雪山，用笔粗犷有力，作者从大处取势，由浓至淡，由近至远，把山势的起伏勾出，粗犷的线条更令风雪凛冽，寒气逼人，更显苍茫的意境。‘画眼’部分是行进中的红军队伍，画家以几团浓重的墨色，点出主要人物、马匹。与全画相比，此处面积虽小，分量却重，用笔不多，作者笔笔肯定，笔笔拙强，笔笔到位。兔起鹘落，勾画之下让你感到风的猛，雪的白，人气、马气、山气、雪气汇成一体。队伍与山势抗衡，人的顽强与环境的险峻抗衡，从而凸显并深化了主题。”

创作《过岷山》时，刘仑已是78岁高龄，画中处处显出画家的不凡的艺术功力和厚重的文化底蕴。随着年岁的增大，创作一幅作品需要花费刘老大量时间，但刘老年近八旬还一直不间断地进行红军长征题材的创作。他一再表示：“长征题材是我永远的牵挂。”

刘仑重走长征路期间，还有一个重大的收获。1959年，他独自一人去西藏采访时，途经若尔盖草原，正逢该地区进行藏族民主改革运动。刘仑亲眼看见了一批翻身奴隶从四面八方赶来参加控诉大会，大家群情激昂地血泪控诉奴隶主的情景：有被奴隶主挖去双眼的农奴在亲人的搀扶下颤颤巍巍地前来，有白发苍苍的老太婆摇着转经筒、踏着小步赶赴会

农奴翻身图（国画） 1963年 78 cm×207 cm

场，更有的农奴抬着当年奴隶主惩罚他们用的刑具到会场血泪控诉……这一幕幕震撼人心的画面，一面不断地记录在刘仑的速写画簿里，一面深深地印刻在他的脑海里。刘仑当即立志，一定要把这些撼人心魄的场面画入自己画中！

当年9月，刘仑回到北京后，刚好又被调到军事博物馆美术创作室任专职美术创作员，他便开始构思《农奴翻身图》历史画。1960年为创作此画又专程去四川若尔盖草地搜集素材半年。回京后，又参阅了许多有关西藏和我国民族政策的史料。1961年，完成初稿。刘仑仍不是十分满意，为了更好地解决艺术效果问题，在1962年至1964年间，先后临摹任伯年人物花鸟20多幅，速写飞禽花草百多幅，并专心研究壁画及古代人物画等，积极探索《农奴翻身图》的表现手法。1963年4月—7月，刘仑再赴西藏拉萨、山南、当雄农牧区搜集素材。最后，此画经北京市民族事务委员会审定后，改名为《奴隶翻身图》。该作品1964年参加首次设奖的“第三届全军美展”时荣获优秀奖，更大的荣誉是受到周恩来总理的好评！

后来，关于这幅作品创作成功的经验总结，刘仑谈了四点体会：

一、西藏民主改革运动使千年奴隶翻身解放的事实教育了我。

二、历史画的创作是一个严肃认真的使命。必须要认真研读史料，了解当地的历史文化和地方习俗，靠几张照片的拼凑是没有生命力的。

三、以国画形式创作表现几十个人的群像画难度很大，尤其是每个人的头像、表情、手势、服饰、道具等等必须真实，这要写生记录，所以我要多次去藏区体验生活，找真正的模特儿，甚至到监狱去画真正的奴隶主。所以才有这幅画感人的群像效果。

四、如何解决国画表现技法问题。我认真研究古人的花鸟人物画的表现手法，研究壁画的群像构图，藏民戴的帽子多有羊毛的，我把画鸟的羽毛技法运用到这里，看出松化效果。这就体现出古为今用，洋为中用的效果了。而我本身又喜爱版画、水彩画、竹笔画、油画、国画等多种画种，所以我在创作上便可以根据画面需要，以各画种的特殊效果来解决。

北上军号（国画） 1981 年 144 cm×265 cm

1981 年在广州萝岗画梅

年画家的专业队伍，从事绘画创作和研究。

在刘仑的眼中，中青年朝气蓬勃，敢于探索，这类创造性的人才有可能创作出有时代性的作品；无学历有专长能画好画的，均有条件成为画院的画家。但对于吸收画家要少而精，并要求德才兼备。另外，对于私人介绍、上级推荐的画家，他也表示欢迎。但坚持择优录取并按专长配备的具体需要，正确处理。

刘仑并不把自己归为岭南画派，作为一个非岭南画派的画家，他在创办广州画院的时候没有特别的门户之见，既吸纳了岭南画派的黄志坚等人，又吸纳了吴海鹰、张绍城等当年宣传画的年轻骨干，还接纳了军旅画家。这在全国画院里并不多见。

第二个设想是，画院不搞终身制。刘仑不希望办成“一幅画吃一辈子”的铁饭碗那样的画院，而希望办成一个有社会主义觉悟的——人品画品兼优的画家集体。他曾形象地指出：“画院不是养老院、收容所，也不是卡拉 OK 厅、俱乐部，而是为国家出作品、出人才，创作精神财富的集体。”

因此，他主张用严格的考核制度来加强队伍的建设，即吸收成员进来时要考核，进来后更要年年考核，如不称职可调换工作。自己更是身体力行，在担任了两届院长后，主动让贤，退下来做名誉院长。

刘仑的第三个设想是，办画院应办出风格特色来，要具有时代精神和地方特色。刘仑说，现今的中国不是封建主义时代，也不是半封建半殖民地时代，而是社会主义时代，有我们的现实生活、民族风尚和人民思想感情所反映出来的时代精神。广州画院的画家就应该反映这个时代的精神。同时，作为南方画家，又应当充满热情地着重表现自己所熟悉的人民和热爱的家乡。因此，要求画家创作从生活中来，主张题材、形式多样化的艺术创新。

画院定期举办一年一度的艺术年会，是刘仑的第四个设想。艺术年会主要包

喜荣华（国画） 1982 年 新春佳节，又是刘仑生日，画此老树自祝留念 59 cm × 48 cm

1989 年 12 月 18 日，广州画院院址奠基

括作品展览、宣读画论和总结讨论三个部分，是艺术民主的具体体现，也是对画院成员的总检阅。它的成果作为评先、评奖、评级依据的一方面。1983 年 5 月中旬，广州画院举行了首届艺术年会，展出作品 140 多幅，宣读画论 18 篇，总结了很多有益的工作经验。整个年会办得非常成功。

广州画院，在当时是一个年轻的画院，初期成员仅有 25 人，平均年龄 41 岁，成员大多是大专毕业的，少数是自学成才的。初期，画家们虽然在暂无院址和工作条件简陋的情况下进行创作和研究，但画院风气良好，画家们的创作热情都非常高涨，可以说，是刘仑一手开创了广州画院。

广州市美术家协会是 1987 年 10 月 17 日正式成立的，成立大会在广州越秀宾馆召开，出席的画家共 273 人。会议选出了第一届理事会、常务理事会、主席团成员，第一届主席是刘仑，副主席是尹积昌、唐大禧、杨家聪、林钿、刘秉礼、单柏钦、梁纪、詹忠效、李醒韬、黄志坚、陈子毅、梁照堂同志。秘书长任桂森。从那时开始，广州的美术家们就真正有了一个属于自己的家。

用刘仑的话说，让他当美协主席又是一次“赶鸭子上架”，因为他感觉搞行政工作既不是自己的特长，也不是兴趣所在。他最大的兴趣还是绘画创作。那时，广州画院成立没几年，刚步入良性发展的正轨不久，市文化局的蔡畅旋和市文联的杨家聪等同志分别找他提出：广州有必要成立一个美术家协会这样的群众组织，以壮大发展广州市的美术事业。他们的意见触动了刘仑，也同他参与组建广州画院后的一些想法很吻合。刘仑便应承下来并和大家一起积极行动起来组建广州市美协。

当然，办画院的成功思路还是让刘仑有些信心的。1983 年，他将自己办画院的四点主张写成文章《办画院初探》公开发表后，引来不少兄弟城市画院取经交流，实践证明他的摸索是走对了路的。而且因为在“文革”中深受迫害的经历，刘仑想，如果成立了美协，广大美术工作者聚到一起，互相提点、互相切磋、互

上：1989 年 2 月 1 日，在江南大厦参加羊城寿星画家贺岁迎春雅集

中：1991 年与赖少其（左四）等市政协寿星共同挥毫

下：在广州市美术家协会成立大会上

相学习，共同进步该有多好啊！另外，还因为他看到当时的博物馆、美术馆等美术设施面孔是向上的，比较脱离群众，而他认为美术工作只有面向群众、面向基层才能有所作为。美协作为一个群众组织，最容易贴近群众、深入群众，和群众有天然的亲和力。总之，他想，成立美协应该是能有所作为的。

但挑起这个大梁的困难也是甚大的：美协是党领导下由市文联直接领导的群众组织，当时市文联也没有什么活动经费，市美协更是一穷二白，没编制、没经费、没固定会址，开个会都要四处借地方，多数是借群众艺术馆开展活动。实在没办法了，刘仑就一趟趟地跑去市委、市政府汇报，请求领导们支持市美协这个新生组织。

好不容易克服重重困难，广州市美术家协会挂牌成立了，虽然没经费，条件也不好，但是有领导的关怀、有社会的支持、有美术家的努力，倒也能发动和号召大家共同来做一些有意义的事。

在刘仑这位70多岁拓荒老牛的带领下，这一届领导班子都各尽所能，经常组织画家们到番禺、花都、从化、增城体验生活，领导画家去工厂、企业单位深入生活，组织创作、办展览。还办一些美术培训班，通过讲学、挥毫、义卖、救灾活动来扩大市美协的影响力。美协同广州钢铁厂、卷烟厂，番禺的一些企业联合办展览、办培训班来培养人才，帮助他们搞好企业文化建设，深受这些单位的欢迎！而美协也在这些活动中得到有限的一点创收来维持正常运转，亦慢慢扩大了影响，取得了不少的成绩。

团结、合作、奋斗、不向困难低头的创业敬业精神是很宝贵的，作为第一任主席，刘仑开创的这种精神，已形成了广州市美协的优良传统，一路传承至今。

八/情系桑梓

画好祖国河山，是画家爱国情操的体现。

好土长好花，好人出好画，好花人人爱，好画人人赏。

画家画山水，不是山水画画家，山水画的创作是画家借山水来表现自己的思想感情，不是山水决定画家的思想感情。

谁都知道人的心肝是身体之器官，而文艺家却说它是“心弦”，不是么，你稍稍拨动，它就会弹出各种曲调。激出画艺、诗情，那并非梦话，而是艺术的真。

我的生命之箭还在向前飞，我的画笔仍在发光，朋友们，为我鼓掌！在艺术上不断进取，活着就不会寂寞。

—— 刘仑《画语丝丝》

无论走到哪里，出生于广东惠州市桥西姚屋巷的刘仑，总是情系桑梓。虽说16岁就离乡，求学于广州市立美术学校，此后便一直走南闯北，献身中国的美术事业，但他对故乡总是怀着深深的眷念。无论自己成为大艺术家，取得了多少炫目的荣耀，刘仑总是诚挚地说：“我爱家乡，家乡给了我艺术创作动力，我一切成就来源于家乡。”

只要提起惠州、忆起童年，他眼睛里总是闪烁着激动的光芒。西湖的荡漾碧波，婀娜的垂柳，静谧的月夜，朦胧的远山，尤其是湖面上扑棱飞腾的野鸭，总是令他魂牵梦萦。尽管少年就离开了故乡，但是，他视故乡为自己艺术生命的源头，故乡的秀水明山，是成就他艺术辉煌的深邃背景。

刘仑是行重于言的人。他将爱乡情结，化为艺术奉献，创作了一批又一批反映惠州题材的新画力作。然而，常写惠州、画故乡仍不足以表达其爱之深、恋之切时，他找到了一个最彻底、最无私的途径：设立刘仑画阁，将自己的作品永远赠送给家乡人民。

20世纪40年代在惠州西湖写生

那是1986年11月，刘仑接到家乡惠州市政府的邀请函，回乡参加孙中山先生诞辰100周年纪念活动。应邀参加纪念活动的还有香港、澳门等地的惠州籍乡亲代表近百人。

这次活动中，惠州市市长吴石牛代表市委、市政府向旅居外地的乡亲代表们，汇报了家乡在改革开放几年来各项工作建设的成就和下一步发展的设想，其中谈到西湖的建设和发展旅游文化事业的问题，恳请乡亲们献计献策。

刘仑在认真听取乡亲代表们的发言时，一直在思索自己能为家乡做点什么。他想自己是个画家，只能做些画家能做的事情。他想到自己从艺几十年来，走南闯北创作了很多画，这些画作在中国各个革命历史时期是起过宣传群众、动员群众和教育群众的作用的。现在家乡要搞精神文明建设，也要发挥文化宣传工作旗鼓在前的作用。因此，他同家人商量，决定无偿捐献一批画作给家乡人民。希望通过自己的画作和影响力，为家乡的业余美术爱好者提供一些学习条件；更希望大家通过学习和交流活动搞好团结，共同为发展家乡的文化建设事业做出贡献！

他的这一义举，立刻得到了夫人杨少娟同志的大力支持与赞同！刘仑便把想法同吴石牛市长和市政协主席潘志辉恳谈了，吴市长拍案叫好："这个想法正补上我规划中的不足！好极了！我到外国访问时参观过几个画家的画廊和画馆，非常好！现在你愿把自己心爱的作品奉献给家乡人民，支持家乡的文化建设，我代表家乡人民和政府感谢你！这件事请潘志辉主席同你具体研究落实！"

接着，雷厉风行的吴市长把刘仑的想法在政府工作会议上宣布，正式讨论并通过接受刘仑的捐赠和为他建立美术馆的决定。这时，一向处事低调的刘仑考虑到国内以在世画家的名字命名的美术馆，还未曾有过，虽是创举，但还是谦虚些好，便提出先建立"刘仑画阁"吧。

吴市长和政协主席潘志辉非常尊重他的意见，立刻拍板同意。刘仑是个组织

一亭湖月冷梅花（国画） 1982 年 为惠州西湖东坡纪念馆而作 137 cm×68 cm

罗浮白雪（国画） 1989 年 69 cm×135 cm

观念很强的人，他想到自己是广州市的干部，在家乡成立美术馆应向广州市政府汇报请示。惠州市人民政府便向广州市人民政府发函征求意见，广州市人民政府很快复函表示同意和支持。

惠州市人民政府批准刘仑画阁建在惠州西湖百花洲，由西湖管理局负责具体筹建和管理工作。惠州市的领导非常重视这件事，专门成立了刘仑画阁筹备组，由市政协潘志辉、刘寿南，文化局李副局长以及西湖管理局巫翩等同志组成。西湖管理局又决定副局长任文兴负责完成画阁的筹建、布展和管理的任务。

刘仑及家人也积极参与，他的女儿刘晓鸣毕业于广州美术学院，其时是刘仑的助手，刘仑便派她全力协助任文兴副局长完成画阁的筹建工作。经过一个多月的紧张工作，筹建刘仑画阁的任务提前顺利完成。

1987 年 12 月 18 日，刘仑画阁正式揭幕，广东省书法家协会主席秦萼生题写了“刘仑画阁”的牌匾。广州市委书记张汉青、市长杨资元、副市长陈绮绮、市委宣传部部长凌炯昌、市委综合处处长叶耀添，广州画院书记余家贤、副院长李醒韬及画家梁照堂，广州美术学院院长胡一川，广州市美协副主席林田，省书法家协会主席秦萼生及部分香港艺友专程驱车前来参加刘仑画阁成立大会开幕式。时任广东省省长的朱森林也专门写来了贺词。

值得大书一笔的是，刘仑在业界的老朋友们纷纷送来了贺画或书法作品，华君武、刘文西、古元、彦涵、黄焕秋、胡根天、秦萼生、李桦、赖少其、赵延年、郑诵先等都是全国鼎鼎有名的大画家。这些贺画及书法作品共 40 多幅，后来在刘仑画阁专门设立了艺友室陈列展览，成为引进惠州的宝贵艺术财富。

刘仑家乡所在地桥西办事处特意送来一大串鞭炮，早早挂在花园的大树上。

上：1987 年，时任惠州市市长的吴石牛（右）代表惠州市政府，授予刘仑“东江人民画家”荣誉称号。刘晓鸣摄

中：广东老领导任仲夷（右一）去惠州参观刘仑画阁后题写“美不胜收”的留言

下：1987 年，刘仑画阁成立时，胡一川（左）鼓励刘仑再创辉煌。刘晓鸣摄

1987 年广州市委书记张汉青（左二）、市长杨资元（左四）等领导出席刘仑画阁开幕剪彩仪式。杨少娟摄

惠州市政协主席潘志辉主持刘仑画阁成立大会开幕式，吴石牛市长致辞，介绍了刘仑画阁成立的经过，盛赞刘仑关心家乡建设的热情和义举。更激动人心的是，惠州市人民政府授予刘仑“东江人民画家”荣誉称号，刘仑老先生从吴市长手中接过沉甸甸的奖杯时，热泪盈眶。是啊，有什么荣誉，能比“东江人民画家”更让他为之动容呢！

当时，慕名前来祝贺的乡亲挤满了西湖边的这个美丽的百花洲小岛，四周一片赞赏声，热闹非凡！会后，大家参观刘仑无偿捐赠给家乡的 120 幅美术作品和全国几十位知名画家的书画作品。很多来宾都争相在刘仑的名作《奴隶翻身图》前拍照留念……

事后，很多朋友都悄悄问刘仑及其夫人杨少娟：“把这么多好作品甚至获奖的作品无偿奉献给家乡，你们舍得？”他们夫妇的回答都是：“故乡情就是父母情，把画作奉献给家乡人民，就是感谢家乡这块土地对我们的养育之恩！”

1998 年，惠州地区实行地改市，西湖管理局划到大惠州市编制。刘仑画阁也随之转到大市管理，由百花洲移至惠州市博物馆管理。展厅设在惠州丰湖边惠州博物馆内的一、二楼。其时，省内已有多位画家后建的个人“画阁”启用“美术馆”的名称，有人提议“刘仑画阁”应该正名为“刘仑美术馆”，刘仑同意了。为此，经惠州市政协提案，李鸿忠书记批准，2000 年 7 月 1 日“刘仑画阁”正名为“刘仑美术馆”，由时任惠州市副市长的徐志达主持挂牌仪式，并授予刘仑“东江人民画家宝剑情歌”奖牌。

2009 年，刘仑捐赠自己的 140 多件实物到刘仑美术馆，2010 年又捐赠 33 幅画作。2011 年，重新设于惠州博物馆新址的刘仑美术馆布展一新，正式开馆，成为改革开放以来全国首个以健在画家名字命名的美术馆。98 岁高龄的刘仑，坐着轮椅出现在开馆仪式上，一下子成为全场瞩目的焦点，人们纷纷向这位德艺双馨

上：2000年在刘仑美术馆挂牌仪式上讲话。刘一宁摄

下：2011年10月，惠州“刘仑美术馆”新馆开幕仪式，谢端副市长（左一）给刘仑颁发收藏证。刘一宁摄

的老艺术家，致以崇高的敬意。

如果说刘仑在改革开放以来，对国家的第一个突出贡献是20世纪80年代参加组建广州画院并任首任院长，使广州市一些有创作能力的画家从此有了专业创作单位；第二个突出贡献是20世纪80年代参加组建广州美术家协会并任首任主席，使众多广州市的业余美术爱好者有了自己的家；第三个突出贡献，就应该是成立“刘仑美术馆”，为家乡人民无偿捐赠艺术作品了。惠州市人民政府授予他“东江人民画家”的光荣称号，无疑是对这位画坛老兵最大的褒奖与尊重！

刘仑画阁落成以后，成了惠州西湖百花洲的一大亮点，每天前来参观的群众络绎不绝，时常有人在一幅幅名画前驻足观赏、拍照留念。后来，刘仑画阁的欣欣向荣，也打动了同为惠州乡亲的书法家秦萼生、王侠君，他们也先后在西湖成立了书屋。刘仑还倡议有能力的画家都应该支持家乡的文化建设，后来，多地也成立了个人美术馆，如深圳建立了关山月美术馆，高要市建立了黎雄才艺术馆。

据西湖管理局局长巫翩说，惠州西湖被评为广东省优秀景点之一，同西湖景点设有刘仑画阁和秦萼生、王侠君书屋得到好评有关。评委认为，惠州西湖不仅

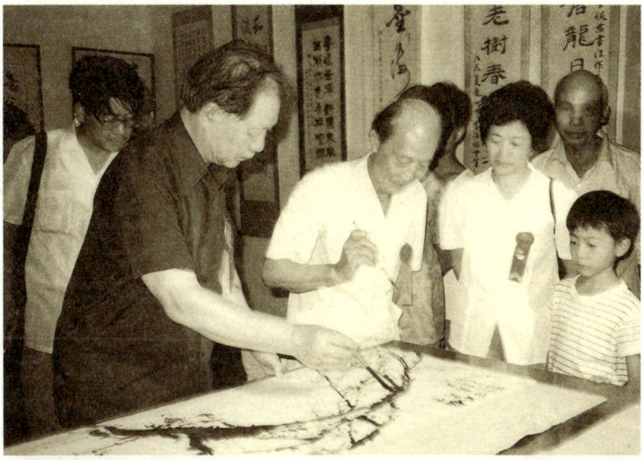

上：1988年7月在惠州刘仑画阁，刘仑画梅，秦咢生题诗。杨少娟摄

下：2011年惠州“刘仑美术馆”新馆开幕接受记者采访。刘一宁摄

景色美，而且在美景中有人文美，把自然美和人文美结合起来，就是真正的立体美了！就连省委老书记任仲夷参观刘仑画阁后，也兴致勃勃地提笔在留言本上写了“美不胜收”几个大字。

更有意义的是，惠州不少美术爱好者会经常到刘仑画阁参观及临摹刘仑的作品，有时还会有美术教师带着学生来。刘仑画阁移至惠州博物馆后，还曾办过儿童绘画短期培训班。这里俨然已成为惠州一个重要的美术教育基地。

刘仑情系家乡，无私奉献，把自己各个时期的精品力作捐给家乡人民，这是惠州不可多得的艺术财富。刘仑美术馆，作为惠州的一块文化瑰宝，对丰富群众文化艺术生活，增加美术馆的文化积淀，将起到莫大的作用，具有深远的重要意义。

刘仑在晚年，一再强调自己始终坚持“艺术是为社会和人民大众服务的”。家乡人民让他无比惦恋，刘仑美术馆则是他依恋家乡的儿子，他曾深情地说：“我的儿子回到了家，回到了父老乡亲身边！”

白鹤峰（国画） 2000 年 117 cm×70 cm

九／宝剑情歌

“民族风格”和“时代风格”的形成，是由众多画家和人民长期创造出来的。

我认为：艺术家具有激情、灵感、理想和创造的素质，那是很宝贵的，也是必不可少的。同时，我认为艺术家的宝贵素质，应与人们共同建立真善美的乐园而作美好的奉献！那么，试问乐园何处有？人人都说：在你的作品中，在人们心中！

画好祖国河山，是画家爱国情操的体现。

过去，我不认为画家具有高水平艺术是“白专”，现在，我不认为画家具有强烈的爱国思想是负担。宝剑好比画家的笔，当祖国受到侵犯时，画家不能逃避，要把画当作武器去战斗；情歌是为可爱的人民、美好的河山、和谐的社会而创作，而倾情抒唱！

——刘仑《画语丝丝》

当祖国需要我拿起宝剑的时候，
我就拿起宝剑去战斗；
当时代需要我唱情歌的时候，
我便倾情抒唱！

2005年，刘仑的大型画册《宝剑情歌》正式出版，时年92岁高龄的刘仑亲自在画册的扉页上写下了自己最喜欢的这两句话。

刘仑已经拿起宝剑，为祖国战斗了一辈子！这宝剑，就是他的画笔；刘仑为这个伟大时代唱情歌，已经唱了一辈子！这嘹亮的歌喉，就是他的画笔。

20世纪三四十年代，在中华民族存亡的危急关头，其木刻《火炬》《前面有咱们的障碍物》《土劣》《厌战的皇军》等创作像一把把尖刀直插敌人心脏；

通信兵（木刻） 1956 年

五指山下（国画） 1973 年 52.5 cm×165 cm

五六十年代，其创作的《通信兵》《阿坝的春天》等众多作品形象刻画了暴雨欲来之际通信兵催鞭急行的形象，以及沉醉在爱情暖流中的阿坝藏胞形象。而对于长征红军的崇敬与对藏胞解放的欢欣使他有了巨构油画《红军过草地》、国画《农奴翻身图》的创作。此外，秀美的漓江、险峻的三峡、滔滔的珠江、美丽的南国风光更使他文思泉涌，手摹心追，佳作迭出。

刘仑毕生追求真、善、美。虽届耄耋之年，但赤诚之心历久弥坚。2001 年，在庆祝建党 80 周年之际，由中共中央机关刊《求是》杂志主办的全国共产党员书画大展上，其创作的佳作《万古长青》获奖。在这幅画作中，他以其深厚的社会

刘仑与其为建党 80 周年创作的画作《万古长青》。杨少娟摄

经历，用饱含深情的画笔抒发了对党的无限热爱之情。这是他在 88 岁高龄强忍病痛的情况下挥毫而就的心血之作，完成这幅作品后他即入院去做喉癌手术。其毅力和精神深深感动了主办单位及评委，在总结大会上特地赞扬他。

纵观刘仑的所有作品，不难发现每一作品都洋溢着一种精神、一种真情。这正是其作品独具魅力之处。在作品的意境锤炼上，他胸有丘壑，匠心独具，其作品中独具一格的意境令人屏息。其斋号为“笔耕堂”，这的确是他真实的写照——他是用笔在辛勤地耕耘啊！而那绝美幽深的意境正是他用心耕耘的硕果。看《绿满南国》《雪山雄鹰》《三峡图》《阳山秋景》等一幅幅撼人心魄的画作，我们不得不为画家的匠心独运所折服。令人叹为观止，击节称赏。

刘仑曾说：“懂得唱低音的人才懂得画淡墨的妙处。”他在创作中虽唱的是低音，但却突出了高昂的旋律。这旋律无疑是永恒的、向上的、催人奋进的！

刘仑在晚年，每当回忆起过去的岁月，都显得很激动，他说：“我整个青年时代的艺术实践，与民主革命和抗日救亡运动紧密相连。我尤其忘不了 1934 年文艺上两条路线的斗争，一是‘为艺术而艺术’，一是‘为人生而艺术’。1934 年以前我受西方美术教育、中国传统国画教育的影响。1934 年起我认识到艺术与政治的关系，确立了‘为人生而艺术’的艺术观。我拥抱社会，投入到火热的斗争生活中去。我写社会、写斗争、写人的爱、写自然界的美。我的木刻版画受鲁迅的影响，成绩也最大。鲁迅与我们这帮青年的关系，是五四运动精神的延续。新中国成立后，我创作的基调和风格，始终坚持这个方向。”

所以说，1952 年，刘仑赴朝鲜战场写生三个月，是血与火的洗礼锤炼了他“为人生而艺术”的艺术观与价值观。

1959 年，刘仑参加了藏族民主改革运动。在西藏高原，他目睹了农奴对奴隶主的控诉，农奴悲愤至极，以至浑身抽筋，满腔仇恨使农奴从鼻孔喷出血来。“这

雪山雄鹰（国画） 1991 年

样感人肺腑的事实，如果我不去表现，那简直是罪过！”1963 年他创作了国画《农奴翻身图》，这幅反映西藏重大历史事件的现实主义杰作恢宏隽永，获 1964 年“第三届全军美展”优秀奖。

刘仑的画包括版画、水彩画、水粉画、素描、油画、国画等；内容包括重大历史题材、风土人物、雪山草地、名山巨川、梅花红棉等，风格大气磅礴、高瞻远瞩。他说：“我的艺术观：一是在优秀的传统基础上创新；二是师前人与师造化（以前人与自然为师）；三是生活泉与心泉交流；四是作品有个性、民族性和时代性；五是人品与画品并重。”

刘仑 1951 年参军，先后任南京军事学院美术教员，《解放军文艺》美编，军委总政文学美术创作室、军事博物馆美术创作员。1976 年转业到广东，先后任职省文联文艺创作室创作员，广东画院创作员、绘画组组长。1982 年参加组建广州画院，广州美协。1982—1988 年聘为广州美术学院研究生答辩评审委员和教师晋升副教授、教授评审委员，广州市画家高级职称评审委员等。提起这些经历，刘老一再强调：“我是一个战士、一个兵，并不是无冕皇帝，不是贵族画家，并不高人一等，而是一个文艺战斗兵。”

“我这一辈子走南闯北，从家乡的西湖、罗浮山走出去，广西桂林，长江三峡，东南与西北的名山大川，长征路上，西藏的雪域高原，台湾宝岛，还有朝鲜、日本、东南亚。我能够画出一些画，是到社会，到自然界，到革命队伍去锤炼、淬火、感悟、创作的结果。”

百岁画翁刘仑在整整一个世纪的生活感受和艺术实践中，有一大半生活在绿色家乡的南方，有一小半生活在辽阔粗犷的北国。在艺术上，对西方艺术的借鉴

小鸟天堂（国画） 1989 年 68 cm×136 cm

南天山（国画） 1997 年 68.5 cm×234 cm

与吸取，体现在他的作品上是强烈的；对祖国山河和祖国艺术的热爱是无比深厚的。上述因素的共同作用，形成了刘仑的中国画的独特风格。

刘仑的画有四个特点：

一，刘仑是以情写画的。情是他的心源，与生活汇流奔腾而出的。他认为：“以情写画，以情画形，以情传神，情是艺术创作贯穿始终的生命。”又说，“画是我，我是画。”因此，他的画，笔之有情，点之有意，画里含情，情真意切，是他画的灵魂。

二，刘仑读过许多古今中外的名诗名篇，也写过不少诗篇，诗歌对他创作思维的陶冶是很深的。同时，他对音乐特别喜爱，心灵上颤动着节奏的共鸣。他说：“懂得唱低音的人才懂得画淡墨的妙处。听低音歌手唱歌，他的音色是圆润的、明净的，像溪水般婉转而流。”可见刘仑画中的音乐节奏感和诗情画意在流露着，颤动着。他的画似是无声的音乐，彩色的诗。

三，他的作品，是在中国优良传统基础上的创新。刘仑在青少年时代临摹过明清

雪山图（一）（国画） 1984 年 89.8 cm×48.5 cm

蜀山纪行（国画） 1977 年 35 cm×78 cm

晚晴（国画） 1998 年 83.2 cm×154 cm

两代画家的画。后来，在北京“师古人”就更多了，他经常去故宫博物院看古画，后来同馆里的工作人员熟络了，每在秋季内部晾画时都通知刘仑去看画。荣宝斋也有很多内部藏画，刘仑都可以看。看累了就在库房里小睡片刻，休息一阵继续看，北京琉璃厂经常有百姓卖古画和古董，刘仑也常挑几件买回家。另外，他创作过不少水彩画、版画和油画，取得了一定成果。四十岁以后动笔进行中国画创作。由于有了这两种艺术力量的充实，刘仑的画，在构图上、色彩上、造型上有了突破，有了蜕变。人们称赞他“没骨山水”创新作品的出现，正如他说的，“在没骨中有骨”是有来源的。

四，刘仑的画题材广泛，形式是多样的。这与他从海南岛到西藏高原，足迹踏遍大江南北有关，他喜爱画南方家乡的雾景和雨景，画出浓墨淋漓、葱茏秀润

芦苇为家（国画） 1973 年 45 cm×45 cm

小北江（二）（国画） 1988年 48.2 cm×90 cm

的新画面，这与他有着深厚的南方人的感情是分不开的。但更出奇的是，由于生活在北国几十年，他特别喜爱北方粗犷、高洁的雪山，辽阔的草原，愿反复地描画其美的形象，正如他题画诗句有“三度恋游康藏路，一生爱画雪山图”，真实地在他心田上长出一朵高洁动人的白莲花。

刘仑的独特性格与经历，注定了他的艺术创作是丰富而又独具特色的艺术典范。跳出古人的樊篱，用现代人的智慧与眼光去创作，是刘仑一贯强调并身体力行的，他要求自己“做一个现代的中国人”，所以他的“没骨山水”吸收了木刻版画、水彩画、油画的技法，在宋人的基础上得以突破。刘仑一直偏爱淡墨，因为他觉得“黑漆一片是有限的，淡墨一片是无限的”。每每作画时，刘仑拥有绝对的平静与超然，笔下高山，纸上大海，都是激情与力量的符号！

十/ 相携相守

生活是丰富多彩的，大自然也是丰富多彩的，人们的喜好也是丰富多彩的，因此艺术创作应该是丰富多彩的，这是正常的。

当年真不容易，走过崎岖道路，经过水与火的考验，泪与血的洗礼……在长长的征程上，如果没有《海燕之歌》和“永不休战”的鼓舞，可能早就倒下了，哪能活到今天，又画到今天？

画坛上的马拉松长跑竞赛，我无意中也参加了。但我知道自己的力量，不敢争第一，只以鲁迅先生的“韧性斗争”为指导，鼓舞自己无论如何要跑到终点！

—— 刘仑《画语丝丝》

2009年10月10日，一个十全十美的好日子，广州越秀区婚姻登记处迎来了结婚登记史上最高龄的一对新人。在浪漫的婚礼进行曲伴奏下，这对白发苍苍的新人拄着拐杖，手挽手，踱过红地毯，大声宣誓，接过滚烫的结婚证，完成了人生的一件大事。

他们就是96岁的广东著名画家、广州画院首任院长刘仑和近80岁的妻子杨少娟。神采飞扬的“高龄新娘”杨少娟，兴奋地说：“我们做了60年的‘事实夫妻’，虽然办过结婚登报，但未拿到新中国的结婚证，今天终于‘合法’了！”

时光回转到60年前的1949年7月，那是一个炎热的夏天，刚从广东省立勷勤师范学校毕业，年方十九妙龄的杨少娟没有回家，她因在校时能歌善舞，文体才华出众，受学校附中部主任邀请留下来帮助组织毕业班合唱团等活动。

恰巧此时，36岁的中山大学师范学院美术教授刘仑也迎来暑假，他收到原中大师院学生、广东省立勷勤师范学校附中部主任的邀请，前往该校向学生讲授鲁迅先生倡导中国新兴版画运动的历史。

广州盛夏的早晨，暑气炎炎，年轻的刘仑教授，穿着西裤、皮鞋和短袖衬衫，

刘仑夫妇结婚60周年补领新中国结婚证。刘一宁摄

在讲台上侃侃而谈，台下坐满学生，个个神情专注地听讲。杨少娟因为已是毕业生，本不需听课的，但她听说刘仑讲授鲁迅先生倡导中国新兴版画运动的历史，很感兴趣，就搬个凳子坐在讲台角落听讲。

刘仑在讲课时无意中发现，有个穿着素色裙子，清秀娇美的女孩，独自坐在角落里，一边认真听讲，一边用心记笔记，一举一动，落落大方，楚楚动人，好似一幅美丽的少女剪影。刘仑的心怦然一动，荡起阵阵涟漪，忍不住多看了几眼。

那天中午，在学校的饭堂吃饭，杨少娟恰好又和刘仑同桌。饭前，杨少娟去了趟厕所，回来时，发现一桌人都没动碗筷，一直等着她。杨少娟有些不好意思，再一抬头，就发现刘仑直直地盯着她看，神情多少有些异样，杨少娟更加不好意思了，默默地低头吃饭，根本不敢理会他。

吃完饭休息一阵后，诸位老师就提议打篮球，杨少娟又机缘巧合地跟刘仑分到一组，刘仑个头甚是高大，而且他从小就爱运动，打篮球也是一把好手。只见他穿着皮鞋，顶着大太阳，在球场上奔跑跳跃，真可谓英姿飒爽。说不清是有心还是无意，刘仑一拿到球，总是第一时间传给杨少娟。那时少女杨少娟，青春活泼，文体球类样样精通，刘仑一传球过来，她就矫健地三步带球投篮……篮球随着一条条漂亮的抛物线滑进篮筐，刘仑的心也有点不平静了……

第一次相见，虽彼此有了好感，但年龄尚小的杨少娟，一点儿都未往爱情方面去想，时值盛年的刘仑，却将这位美丽大方的姑娘深深地留在了心里。

有缘的人，总是会再度相遇。杨少娟离开广东省立勷勤师范学校后，为找工作，借住在广州长寿路唐凤燕同学家里。一天，杨少娟和一位女同学陈坤图一起坐公车出门逛街。路过中山五路停站时，杨少娟无意中望向车窗外，谁知一眼便看到刘仑行走在人群里。也许就像现今情歌中所唱的那样：只是因为在人群中多看了你一眼，再也没能忘掉你容颜……刚好望向公车的刘仑也发现了杨少娟，他立即

大喊："怎么是你？快下来，快下来！"

杨少娟和同学下车后，刘仑热情地邀请她们一起去吃烧腊饭。饭后，同行的女同学称有事离开了。刘仑便和杨少娟两人在街上闲逛，走着走着，刘仑突然说："我请你看电影吧。"鬼使神差地，杨少娟再次答应了，跟着他走进天字码头附近一家电影院看《居里夫人》影片。血气方刚的刘仑此时哪有心思看电影。电影看到一半，刘仑突然伸过手来，一把抓住杨少娟的手。杨少娟的脸唰地红了，不好意思在这种场合反抗。她只好傻傻的，没有挣脱，刘仑将她的手握得更紧了。

电影散场后，两人漫步到永汉路口时，正面遇见一位勷勤师范学校附中部分管后勤工作的主任，他也正在疯狂地追求杨少娟，还曾因此事同学校另一位老师大打出手……但杨少娟对他很反感，从未与他单独相聚过！偏偏在这时遇上他，杨少娟和刘仑都很尴尬！后勤主任很狡猾，他故作镇定，大声地邀请少娟去参加"同事聚餐"，并挑衅地盯着刘仑。

刘仑看见对方不正常的眼神，明白了他的用意，于是礼貌地说了声："好好！你们去玩吧！"由于刘仑的礼貌让步，杨少娟很不愉快地陪这位主任去高级饭店吃了一顿饭！

晚上，杨少娟把白天遇到的事向唐凤燕同学讲了。唐凤燕认为刘仑是真心喜欢杨少娟的。杨少娟犹豫着说："刘仑年纪太大了，我都可以叫他叔叔了。"唐凤燕说年纪大点不要紧，这样还更可靠！她也看出刘仑真心喜欢杨少娟！

此后，刘仑和那位管后勤的主任经常分别去长寿路杨少娟借住的同学家找她。唐凤燕同学心向刘仑，他来找杨少娟时会立即通报。那位后勤主任来找杨少娟时，她便时常说杨少娟去同学家玩不回来了……

刘仑很怕失去杨少娟，经常从石牌中山大学校区出来与杨少娟一起逛街交谈。当时，刘仑在中山大学已经参加了地下学联——"爱国民主协进会"组织做护校工作。1949 年 4 月国民党败退台湾后，尚在白色恐怖统治下的广州城，国民党特务的抓捕活动很猖狂，特别是在高校里，国民党、三青团分子到处搞破坏，地下学联成员的护校任务很重！

刘仑追求杨少娟的目的，一方面是为了爱情，想找个终身伴侣；另一方面也希望杨少娟能协助配合自己，完成好护校任务。为此，他时常会跟杨少娟讲革命道理并传播新中国妇女解放的思想。其实，这些进步的新思想早在杨少娟心里有了萌芽和追求，经刘仑细说后更加深深打动了杨少娟，也让她对这位学识渊博、思想进步的青年，越来越产生爱慕之情。两颗心，靠得更近了。

一次，两人相约到沙面闲逛，逛至珠江边，当刘仑谈到新女性不要只想着嫁个有权势的丈夫，要勇于追求自由和个性时，杨少娟在一旁激动不已。以她当时的阅历及思想觉悟，她感觉这话说到了她心坎里，她默默地在心里认定，眼前的这个人就是自己心属的人生伴侣了。

刘仑 9 岁时曾与指腹为婚的表妹李瑞意结为夫妻，但他一直不认可这段封建家庭安排的婚姻。他 16 岁离家读书和工作后，母亲一直是由表妹照顾的。刘仑在中山大学教书时，曾有过自由恋情，但最后都因他在家乡已有家室而导致分手，为此刘仑很痛苦！

这时，邻居马思聪的夫人很欣赏刘仑的人品，便把帮她看孩子的妹妹介绍给刘仑，刘仑无奈地同意了。1949 年 4 月，刘仑母亲病故，他回乡卖画为母办丧事，但受到母亲娘家族人的围攻与责难，因为他们认为丧事办得不够隆重，一向脾气倔强的刘仑，此时不得不向他们逐一跪拜请求原谅。其实，作为一名穷教师，刘仑当时的工资仅够日常生活，为安葬母亲他已经把自己珍藏的台湾写生的画卖出去不少了。

刘仑在处理完母亲丧葬事宜后，即与表妹办理了离婚手续。他原本答应办完母亲的丧事回来与马思聪夫人的妹妹结婚的，但思来想去，觉得与这位姑娘没有什么共同语言，算不上真正的爱情，而且没有共同的目标和追求，今后也很难成为共度终生的伴侣……刘仑打了退堂鼓，婉言谢绝了马夫人的好意。

恢复单身两个月后的刘仑，认识了杨少娟，他立即就在心里认定要与这个美丽聪慧的姑娘携手共度人生。

1949 年 7 月，暑假期间，刘仑为了更好地与杨少娟在一起并协助他的护校工作，在地下学联联系人曾昭胜的帮助下，杨少娟以刘仑的“表妹”身份来到中山大学女生宿舍住。每天参加刘仑所在小组的学习和讨论，两人每天都见面。有任务时杨少娟就陪刘仑去完成。刘仑仍住在他的单身宿舍。他们最喜欢的就是一起唱苏联歌曲《在贝加尔湖的草原上》……身处热恋中的刘仑，还是位多情的诗人，杨少娟时常被他的情诗所打动。

1949 年炎夏的广州城，革命与反革命的斗争越来越激烈！在中山大学校园里，每天都传有恐怖消息！不少进步教师和学生已被特务列入将要逮捕的黑名单。为保存革命力量，地下组织通知一些人员先后转移到外地。组织联系人曾昭胜也安排刘仑和杨少娟转移住处，搬去已赴港的刘渠校长的住宅。

刘校长的住宅已有一个学生帮忙看护，他白天不在，只是晚上回来睡。教授住宅区的房子是单座独立式的，四周没有干扰，四房一厅，再加上一个厨房，生活很方便。刘仑单独住一间房，杨少娟住另一间。曾昭胜来给刘仑传达组织任务时，杨少娟就在门外一边洗菜洗衣服，一边为他们放哨。

1949 年 7 月 23 日深夜，万籁俱寂，人们早已进入梦乡。杨少娟在酣睡中突然听到窗外人群躁动，更可怕的是远处还传来爆炸声……她惊慌地起来敲开刘仑的房门，刘仑紧紧握着她的手，安慰她不要害怕，但要提高警惕！

此时，住宅区四周的脚步声越来越急促，他们互相依偎熬到天明。曾昭胜一早赶来告知情况：昨晚有 100 多名师生被国民党特务抓捕了，现正组织营救！要他们时刻提高警惕！说罢便匆匆离去。

刘仑和杨少娟赶紧回到刘仑原来住的宿舍查看。果然，情况十分不妙！房门和窗户都被撬开了，房里的东西被翻得乱七八糟，好险啊！要是刘仑仍住在这里，肯定也逃不过被抓捕的厄运。

没过几天，曾昭胜来向刘仑告别，他即将奉命转移。地下组织决定今后由朱信绍（音）同学负责与刘仑联系，杨少娟照样给他们放哨，同时也向朱信绍递交了参加组织的申请书。

转眼间暑期就要结束，杨少娟的母校留她在附小任教。8 月下旬杨少娟要到离广州市区很远的郊区教书，尽管不舍，刘仑和杨少娟也不得不分开生活了。杨少娟带着刘仑交代的革命任务，到新单位广东省立勷勤师范附一小任教。

但尚处热恋中的刘仑好不容易把杨少娟"抓"到手，怎么舍得放手啊！他找到师范学院领导，请求将杨少娟调入中大附小任音乐教员。令刘仑欣喜不已的是，这个要求得到了批准。他立即把杨少娟叫回自己的身边，同时，关切地叮嘱她，中大附小的教师队伍也很复杂，要小心，少说话。

不幸的是，国民党特务到中大逮捕爱国师生后，刘仑也被列入"黑名单"，组织通知他立即转移撤离广州。当时兵荒马乱，他们若能以夫妻的名义逃离更加安全、方便。1949 年 10 月 6 日，刚好是中秋节，花好月圆。刘仑趁着好日子，听堂嫂的指导买了个戒指送给杨少娟，在堂嫂和杨少娟父亲主持下结了婚，并在《大光报》刊登结婚启事，用短短两行字正式宣告了他们的夫妻关系。

两天后，在杨少娟的策划下，他们悄悄地离开广州逃往香港。到香港后，杨少娟先去找在荃湾南海纺织厂当工人的二妹少贞想办法。可少贞当时也是自己住集体宿舍，根本无法收留他们，只能暂存一件行李。

1949年，从香港经东江返广州途中留影，刘仑和杨少娟奉组织通知回广州接受新任务

杨少娟便又找到勷勤师范学校的同学韩焕然，在他们夫妇的热情帮助下，与刘仑一起住进了韩家。不久，广州解放了，香港组织即安排从广州转移来港的人员，参加“接收大队”，并立即回广州接受新任务。

离港的时候，又是一次惊心动魄的经历。刘仑、杨少娟一行人，扮成各种身份的人员先后到达指定码头的渔船上。遇到英国海警巡逻时，全部人员必须马上转入舱底躲藏。当时，杨少娟正值生理期，又不巧闹起了肚子，一个好心的船工见她实在难受，就给她一个盆让她先躲在舱底解决问题，然后再帮她处理到海水里。在那种情况下，大家为了革命工作，像亲人一样互相帮助，那是多么伟大的革命情谊啊！

好不容易，到了大亚湾，刘仑带着杨少娟跟随大部队日夜兼程，步行一段，搭火车走一段，千辛万苦地往广州赶。终于，夫妻二人于10月19日随大队回到广州，在东亚酒店集训等待分配工作。最终，刘仑和杨少娟得到了回原单位中山大学师范学院和中大附小任教的通知，中大地下组织负责人陈慎旃即与他们取得联系，欢迎他们平安归来。

中大在教授住宅区给他们分了一套住宅。那时，正值欢庆广州解放，能歌善舞的杨少娟和刘仑一起在中大教授住宅区教大家跳秧歌舞、唱革命歌曲，欢欢喜喜迎接新中国成立后的新生活。

1949年9月底，刘仑突然接到在南京市委宣传部工作的老朋友、革命年代的亲密战友赖少其的来信，真是喜出望外！赖少其告诉刘仑，南京市文联美术部正缺人，希望刘仑夫妇过去。其时正好传闻要院校合并，中大师院要整编，刘仑夫妇便去了南京工作。

不久，南京军事学院政治部文工团需要美术教员，请赖少其帮忙。赖少其便推荐刘仑夫妇去参军，那是1951年5月27日，正是他们第一个儿子刘一宁出生

20 世纪 50 年代的刘仑

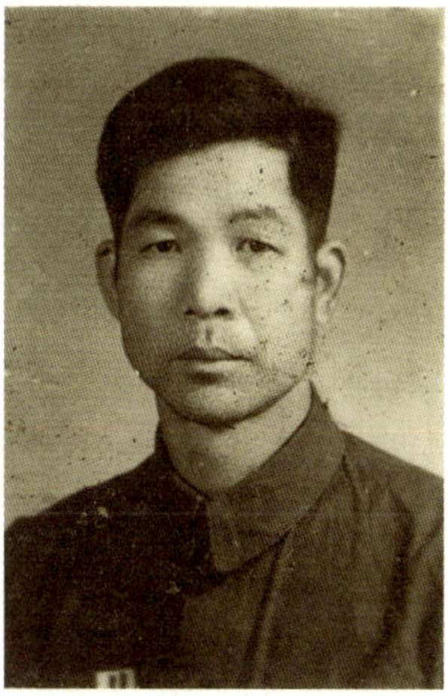

的好日子！

在南京军事学院工作几个月后，刘仑又因总政文化部《解放军文艺》急需美编被调任，一家三口又从南京迁到了北京。在 20 世纪 50 年代的十年间，刘仑和杨少娟完成了生儿育女的天职，生养了三儿一女。

1955 年，部队由供给制改为工薪制。刘仑被评为文艺六级（相当于行政 13 级）。家庭生活没有了后顾之忧。

此后，无论是刘仑下部队采访、赴朝鲜战场写生，还是四度重走长征路，每次外出采风，贤惠的杨少娟都全力支持，她曾动情地说："刘仑就是干事业的人，创作要深入生活，他总是行走在生活的最前线，这是他作品生命力的重要源泉。我怎能不支持他！"

但随着"文化大革命"的来临，刘仑夫妇迎来了他们最难最艰苦的一段日子。早在 1962 年文艺整风开始，刘仑就被列为批斗对象，理由是他来自旧社会，随集体参加过国民党，去过香港和台湾，社会关系复杂……不料，文艺整风未完，1966 年"文化大革命"开始之初，军事博物馆领导为了保自己，首先把美术创作室的刘仑和黄胄（他俩都是新中国成立后参军的，被称为来自旧社会的知识分子，其他人都是解放区的，所以每次运动，都先推出刘仑和黄胄当靶子）揪出批斗！把刘仑打为"历史反革命"！

一夜之间，刘仑感到天全变了！一纸通知就将他们全家赶出北京，发配到陕西省大荔县陕西省军区五七农场接受劳动改造。当时杨少娟正在参加总政组织的社教团，在陕西宝鸡地区千阳县搞社教未在家。刘仑就靠 15 岁的长子刘一宁帮忙，草草收拾行李，带着四个未成年的孩子，在几名大汉的押送下，乘火车去农场。

刘仑带着四个孩子抵达农场后，立即给杨少娟写信。收到信后的杨少娟心急如焚，她忍着刺痛的心向本单位社教团的领导请了三天假去农场看望孩子。

1975 年，刘仑意气风发的自画像 48 cm×35 cm

几天后，当身心俱疲的杨少娟，以常人难以想象的毅力辗转颠簸地赶到陕西五七农场时，望着刘仑和孩子们居住的草房，不禁潸然泪下。四个孩子却像见到救星似的，一下子全都哭喊着扑到妈妈怀里。杨少娟强忍着心中巨大的悲痛，心痛地逐一抚摸、安慰孩子，然后问孩子们："爸爸呢？快带我去见他！"

面对着阴暗狭小、臭气熏天的猪圈，杨少娟简直不敢相信自己的眼睛，那个曾经拿着画笔在画板上挥洒自如的画家、自己心爱的丈夫——刘仑正大汗淋漓地手握铁铲，一铲一铲地清除猪粪。刘仑猛一抬头见到杨少娟，眼圈湿湿地呆望着自己的妻子，不知说什么好！

女儿小鸣懂事地接过爸爸的铁铲，帮着继续铲猪屎……刘仑拉着妻子的手，将多日来积聚在心中的苦水全盘倒出……那时，农场压给刘仑的劳动量很大，他先是养马，每天要送草料和打扫马棚卫生。有一天下雨，马棚周围烂泥很滑，背着马草的刘仑滑倒了，右肩膀脱臼痛得很，动不得！

刘仑很痛苦，不单是身上的疼痛，他更担心自己的右手因此残废了，再也不能拿起他心爱的画笔了。后来，听人说农场附近有个理发师傅有办法治，刘仑便请假前往求医。理发师说，我治很痛的，你受得住吗？刘仑咬咬牙说，可以，来吧！话音刚落，只见理发师身手敏捷地一手拉住他的手掌，另一手按住他的肩膀，发力一拧，发出"咔"的一声，巨大的疼痛让刘仑大汗淋漓，濡湿了全身的衣服，但这个硬汉咬着牙没叫出声来。幸运的是，这下还真治好了他的右胳膊！

农场又安排刘仑养 40 多头猪，还要给猪接生呢！后来又安排他种菜。刘仑便从刨土、撒种、施肥学起，种韭菜、白菜、萝卜以及葱蒜等，硬是把好大一块菜地打理得郁郁葱葱，而且他种的韭菜比当地老乡种的还好，不少人还来向他取经呢！

当然，不管干多重的活，刘仑都懂得爱护身体，他心里一直牢牢装着一个坚

刘仑手绣的毛主席像

定的信念：终有一天我还会拿起画笔，画出心中的美景！所以，在菜地劳动之余，他就悄悄地吃生蒜防病。

更有一个颇具戏剧性的插曲是：刘仑的原单位可能忙于大批判，忘了冻结他的工资，结果工作认真的出纳每月按时将工资转入他的“劳改”地，近200元的工资一汇到，就轰动了整个县城。那是1966年，当地县长的工资也不足百元，三四角一只走地鸡，两元一大包猪头肉，刘仑尽可大快朵颐。

有一次，他拿5元去买一篮鲜桃，老农说这钱够买一树鲜桃了，于是他真的包下一棵桃树，敞怀大吃。关中的鲜桃是出名的甜美多汁，刘仑怎么也没想到他一生吃到最多最美的桃子是在“劳改”的时候。

生活虽不算太坏，艰苦的劳动，刘仑也能承受，但唯一让他接受不了的是不许他画画。有一次，农场需要出黑板报传达“最高指示”，负责出板报的文书在画毛主席像时，画来画去画不像，正好见刘仑路过，就求助于他。刘仑寥寥几笔就用粉笔勾勒出一幅逼真生动的领袖头像，文书很感激，看过板报的人也都赞不绝口。但后来这事被管农场的一个会计知道了，他把刘仑叫去狠狠批斗了一番，说他是“白专”，画得再好也是给毛主席抹黑，以后不许他动画笔，更不许他画毛主席。

刘仑很生气很委屈也很倔，但是军人得服从命令，于是他不再画画了。可后来，他看到农场里的妇女们绣花，得到启发，也找了块白布，红绿丝线，不拿笔，拿起绣花针，在白布上绣了一幅毛泽东像，惟妙惟肖，往墙上一挂，惹来很多人啧啧称奇，那名会计看了噎了半天没说出话。这幅绣品被刘仑视为一件宝贵的纪念品，一直珍藏在家里。

第二天，刘仑去劳动了，孩子们又将杨少娟团团围住，纷纷述说着各自的委屈：小鸣虽被针扎了手指，但也学会给爸爸缝补手套了；大哥最能干，不仅帮爸爸劳动，还要照顾弟妹的生活；老二刘抗负责做饭，曾经用了一天时间才包了三个饺子；三儿金波像个通讯员，经常骑着自行车往返于在另一个农场劳动的直政部副主任家互通消息……

杨少娟听着孩子们的哭诉，心如刀割，但她还是很镇定。当时，杨少娟正在搞社教运动，对党的政策很清楚，“文化大革命”十六条中的第七条规定：即使是真正的“历史反革命”，也要在运动后期处理。军事博物馆和总政在运动一开始就把他们全家赶去农场劳动是违反政策的！杨少娟决心要向上级申诉刘仑的问题。

次日，杨少娟领着孩子们去镇上给刘仑买了一部半导体收音机，让他每天晚上听新闻了解形势！杨少娟只有三天假，她在农场留宿两晚后又不得不赶回社教团。临走时，9 岁的小女儿正发高烧说胡话，杨少娟流着眼泪亲着女儿滚烫的小脸说：“不要怕！很快就会退烧的！妈妈要赶路回去工作了……”

杨少娟参加总政社教团工作将要结束回北京时，解放军画报社党委决定给杨少娟一个月假期去农场看孩子！杨少娟非常感谢单位领导的关怀，但她认为火速回京找军事博物馆和总政领导解决刘仑和孩子的问题，才是头等大事！

于是，杨少娟立即回京，把所有的情况向画报社领导做了详细汇报。当时的领导表态：“你是画报社的干部，军博党委无权处理我们的干部！”杨少娟感动不已，提出首先把孩子接回北京随母生活的要求。几经奔波，杨少娟的请求总算得到了批准。

欣喜之余，刘仑夫妇又考虑到：如果四个孩子一下全走了，留下刘仑一人在农场很孤独，一旦有点病痛连个端水的人都没有。商量来考虑去，他们决定先留下一个儿子陪伴刘仑作为过渡，稍迟些再接回北京上学。老三金波聪明伶俐，还能骑车到处联络打听消息，是留下来的最佳人选，听话的金波也点头同意了。

1975 年春摄于广州越秀公园

杨少娟从陕西接回了三个孩子，紧接着给孩子们上户口、安排学校上学……这时，杨少娟才长长吁了一口气！

杨少娟是个肯学能干的人，那时部队倡议“一专多能”，她便向单位打字员学习打字，没多久就打得又快又好，杨少娟便在业余时间将为刘仑平反的材料打了几十万字送给有关部门，同时也寄给刘仑一份留存。刘仑收到后，很感动，把这些材料放在身边，经常翻出来看。在农场“劳改”的漫长六年里，妻子送来的这些申诉材料，对刘仑来说，就是坚强的精神支柱与力量！

杨少娟还经常同长子刘一宁一起去西单看大字报，那是当年北京“文革”期间大字报最集中的地方，一旦有什么新信息，也及时打印出来寄给刘仑看。虽然，二人远隔千里，但一封封往来于北京与陕西之间的书信，就像一根坚固的绳索，将两颗心紧紧相连在一起。

但时间一天天过去，不仅刘仑平反的事没有得到解决，厄运也向杨少娟汹涌袭来。她回到画报社后，先被宣称立场不稳，不准再到编辑室工作，后来又被以“坚持反革命立场的家属”的“罪名”批斗、抄家专政了一年……

但是，无论“造反派”们如何批斗，杨少娟都从不认为刘仑是坏人！无论他们怎样逼杨少娟与刘仑划清界限，甚至威逼她离婚，她都始终坚持自己的立场，毫不动摇。患难之时见真情！真正情深意笃的夫妻，无论经历多大的风雨，也必是携手共进，不弃不离。

1969 年毛主席发出“要解放干部”的最高指示后，杨少娟总算被解放回到群众中来。后来总政决定，军人必须是“根正苗红”的。刘仑的问题尚未解决，杨少娟便于当年年底被安排复员回广州，在广州汽车制造厂工作（以工代干），一干就是十年！一个女人带着四个孩子，生活的艰难可想而知，好在长子刘一宁是妈妈得力的帮手，家里的大小活都能干，一家人也总算熬过了那段最艰难的日子。

上：刘仑夫妇结婚 62 周年纪念照

中：广州市市长陈建华参加刘仑百岁寿诞祝寿会

下：刘仑百岁寿诞时三代同堂照

1972 年年初，军事博物馆领导解除了黄胄和刘仑的劳动改造，让他们回京待分配。这些年，杨少娟独自带着几个孩子生活，很艰苦，刘仑能回到家人身边，一家人团聚，是大家共同的心愿。但如果刘仑在军事博物馆留任，已落户广州的超过 17 岁的子女就不能在京入户，全家不能团聚的现实必将是长期的困难，杨少娟便建议刘仑写报告申请转业回广州。

1976 年 3 月，刘仑终于从北京总政军事博物馆转业到广东省文联文艺创作室属下的美术创作室任专业美术创作员。当时，组织上就临时安排刘仑一家住在越秀中路电影公司内一间仓库里。虽然条件并不是很好，但刘仑和杨少娟都很满足，

2012年，百岁画家刘仑在家中画画。刘一宁摄

不管怎样一家人总算圆圆满满地团聚在一起了。

时光荏苒，经过各种磨难和政治生活的低谷之后，夫妻俩于1976年在广州重聚。晚年，刘仑经历喉癌等手术，行动不便……杨少娟更是像他的拐杖一样，形影相随。无论刘仑走到哪里，她总是一手拿着一张折叠椅（供刘仑随时坐下休息），一手搀扶着他。

虽然，档案记录着他们是合法夫妻，这是不可否认的，但没有一纸婚书，是多年来刘仑夫妇心里的遗憾。

2009年新中国成立60周年，也是他们结婚60周年，钻石婚的纪念，于是，二老同时有了去补办结婚证的念头。

这天，满头银丝的杨少娟身着整齐的装束，用轮椅推着与她相濡以沫60年的老伴，迈向他们一生从未去过的地方——婚姻登记处。

儿子、儿媳早早守候在一楼大门口，特意准备的60朵红玫瑰鲜艳夺目。刘仑夫妇入场时，周围的一对对年轻新人惊讶地发现原来他们才是主角，纷纷给他俩让座，感叹不已。96岁的刘仑老人，虽然有些耳背，但也高兴得频频向众人举起右手，似乎又回到了激情的年轻岁月。

此前，杨少娟曾亲自两次到婚姻登记处踩点。在婚姻登记台前，她一笔一画地认真填写补办结婚登记声明书，刘仑在旁边紧紧盯着，生怕她填错，自己也举着颤抖的手庄重地签下名字。

“9块钱，就能拿到两本结婚证了。”两位老人笑开了怀。在儿女的搀扶下，他们走进了颁证室。刘仑坚持站起来，一手拄着拐杖，一手紧握杨少娟的手。“慢慢来，我跟着你的脚步。”浪漫的婚礼进行曲中，杨少娟深情地对刘仑说。没有省略任何步骤，他们齐声宣誓，刘仑竭尽全力发出声音，一声沙哑的誓言传出：“我愿意！”刚一讲完，他还来不及喘气，立马有力地举起手，清晰地喊出两个字："胜利！"在庄严国徽的见证下，这对白发苍苍的老人接过了神圣的结婚证。

2011 年 12 月 24 日，西方圣诞节的平安夜，也是广州市美术家协会首任主席刘仑百岁寿辰暨市美协 2012 年新春雅集的大好日子，市美协在东方宾馆设宴 120 多桌举行庆祝活动，市美协会员 1000 多人参加了这一盛会，就连刚到广州市履新的代市长陈建华也在参加市第十七次党代表的空隙，赶到东方宾馆，亲自走到宴会厅的舞台上向坐在台上的刘仑大师祝寿，并让全场嘉宾一齐举杯，共同祝福刘寿星长命两百岁，陈市长的幽默引得全场欢声雷动。

百岁寿星刘仑和老伴杨少娟戴上了小鹿角发箍，俏皮得像两个老顽童一样，成为全场瞩目的焦点。刘仑除了感谢大家的盛意外，还向全场嘉宾表示了三点希望，一是要大家像他一样都活一百岁而且要寿而康；二是全体美协会员要团结一致，团结就是力量，不要搞小团体和小圈子；三是要快乐，画画让人快乐，他每天还坚持画画。书画爱好是使人长寿的秘诀之一。

2012年，广州画院庆中秋团圆夜，众画家挥毫泼墨，刘老也按捺不住，从轮椅上颤巍巍地站起来，拿起画笔，在《春色满园》中添上一枝傲梅。画毕，还自豪地打出一个"V"手势，惹得全场鼓掌叫好。

2013 年 8 月 1 日凌晨，百岁艺坛老兵的刘仑，在家中安详离世，享年 100 岁。杨少娟望着家里挂着的一幅未竟的画作，喃喃自语："几天前他还坐在这里，望向窗外，构思他一幅未竟的长征题材画作……原来他收到省美协动员画家为 2014 年全国美展做准备的通知，还表示要以百岁高龄参展……"

8 月 8 日，广州银河园青松厅挤满了前来送别百岁画家刘仑的人们。83 岁的杨少娟在儿子的搀扶下，缓缓走到刘仑安卧的玻璃棺前，向相濡以沫 64 载亲密伴侣的遗容，深情凝视，久久不愿离开……

后记／初次采访竟是最后的诀别

2013年8月1日清晨，正要出门上班的我，接到著名画家刘仑夫人杨少娟老师打来的电话。杨老师哽咽着说："刘老今晨3点半钟走了，他是无疾而终……好在，你前几天来采访了他……"

"刘老走了？！"恍惚间，我脑海里即刻浮现出那位鹤发童颜、精神矍铄的百岁老人身影。仅仅一周前，我还在他的家里，对他进行了一次长达三小时的专访。当时，老人家神采奕奕地坐在我对面，意气风发地说："在全广州的画家中，我最棒（身体）！我永远是年轻！没有老！"

哪曾料想，这些豪言壮语竟成了老人家最后公开发表的珍贵言语了。

2013 年年初，我接受了广东省文艺精品创作专项扶持资金项目——《广东现当代画家小传》丛书的采写任务。当我得知即将采写的是年逾百岁的著名画家刘仑时，心里颇有些激动。我依稀记得，幼年时在语文教科书里就看过刘仑的油画《红军过草地》，后来翻阅过他的一些史料，更是被他传奇的人生经历及辉煌的艺术成就所折服。遗憾的是，这个项目因故推迟了半年，7 月才正式启动。

我仍记得，2013 年 7 月 24 日那天午后，一场大雨浇灭了连日的暑热。我应约到达刘老家所在的淘金路口时，83 岁的杨少娟老师已早早等候在楼下。刘老夫妇与大儿子一家同住在一套居室里，不大的客厅里仅有几件简单陈旧的家具，四周还堆满了画稿、书籍等各种杂物。身着白衬衫的刘老坐在一张小桌旁，精神抖擞地等待着我的采访。

刘老在 88 岁高龄时，曾做过喉癌手术，术后说话声音较为暗哑、低沉。但老人家的记忆力惊人的好，一打开话茬，就滔滔不绝地说起自己的光荣经历：从 16 岁离开家乡惠州，开始全国跑，从海南岛到西藏，背着画包，画遍祖国的大好河

2013 年 7 月 24 日，刘仑接受本书作者刘春的采访

山……只要祖国需要，我就画！……你不叫我英雄，我自己都叫我英雄！

谈到家乡惠州，刘老更是兴奋不已，他叮嘱我一定要去惠州刘仑美术馆看看，还拿出一本《惠城文史》送我，并说这本书上有关他的材料有好多都值得我参考，但希望我写出来的小传要与这本不一样，比它更好！

最后，老人家翻开身边的一个蓝色小本，一边看一边对我说："其实，总结来说，我这一生在艺术上有八个亮点，也是八个创新，你把我这八个亮点写好就差不多了。"

刘老在艺术上的第一个亮点是被誉为中国现代石刻版画第一人。早在 1934 年，刘仑在防城中学教书时，因受鲁迅先生介绍外国木刻运动的文章启发，自己上山打石，自磨自刻，共刻了 24 块石刻作品，其中《河傍》等五件作品由广州现代版画研究会寄给鲁迅先生指教，并记载于鲁迅先生的书简中。刘仑因此被誉为中国现代第一个石刻家，这五件作品现有四件藏于上海鲁迅纪念馆，一件藏于北京中国美术馆。

第二个亮点，刘仑是现代最早绘画竹笔画的画家之一。抗日战争爆发后，国土相继沦陷，物质供应困难，为解决绘画材料问题，刘仑等一批画家就地取材，折下青竹，用石块把它们砸成细丝当笔用。令人惊奇的是，这样做出来的画笔不仅能画画，而且还能达到一种独特的艺术效果。刘仑记得当时把这个独创的做法告诉了胡根天老师，受到他的高度赞赏，刘仑便建议在学生中推广使用，胡老师也十分赞同。刘仑 1939 年在惠州画的《打回广州去》，就是他的竹笔画的有力见证。

更让刘老引以为荣的是他的第三个亮点。1951 年，刘仑参加了中国人民解放军。1952 年，他赴朝鲜写生三个月。血与火的洗礼锤炼了他"为人生而艺术"的艺术观与价值观。他创作了引起广泛关注的《英雄魏明》等作品，其出版的《朝鲜战地素描集》，是一本充分反映中国人民志愿军的英雄气概和中朝人民友谊的

最后一张采访照

珍贵文献。而在军人刘仑心中，一直深深怀有“长征情愫”，从1955年到1963年，他四次重走长征路，实地写生数百幅。先后创作了版画《通信兵》《红军过雪山》《红军过栈道》，国画《北上军号》《过岷山》《红军渡急流》《红军女战士》等佳作，这些作品，画面气势磅礴，形象生动，再现了中国工农红军的英雄形象，受到广泛好评。其中，他的油画处女作《红军过草地》获得巨大成功，曾刊登、展出多次，并选入中小学教科书，常被介绍长征的书籍用作插页。

聊到这里，刘老夫人杨少娟老师忍不住插话：“他每次外出采风，从不拍照，全部通过写生记录。画人物的时候，我和家人常常被他当作模特，有时还要求我穿着当年红军的服装为他当模特呢！”我立刻想到了刘老著名的代表作之一——《红军女战士》，画中的红军女战士形象还真有些杨少娟老师的影子呢。

1987年，刘仑把自己的一百多幅美术精品捐赠给家乡人民，惠州市人民政府在西湖百花洲落霞榭为其设立“刘仑画阁”，并授予他“东江人民画家”称号。这是我国首座健在画家设立的个人美术馆。2000年“刘仑画阁”易名为“刘仑美术馆”，在开馆典礼上，刘仑一再强调自己始终坚持“艺术是为社会和人民大众服务的”，此话既是他对惠州家乡人民的回报，也是他对自己的第四大亮点的最好诠释。

当刘老谈完他对没骨山水画的创新，1936年到2005年间不断发表的艺术论语——《画语丝丝》，筹建广州画院、广州美协，并首倡画院不搞终身制，1948年到宝岛台湾写生，发表近两万字的长篇日记体游记《在台湾南部那边》等另外四大亮点时，时针已在不知不觉中走了三圈。我怕老人家辛苦，便掩上已记了满满几大页的采访本，准备告辞。

杨少娟老师明白我的用意，一旁补充道：“其实，刘老也不累的，他每天早上起床，就坐到这里来看书看报，100岁的人了，还眼不花，不用戴老花镜。累了，他就会闭上眼睛，随时休息。他吃东西，胃口很好，从不挑食，他的牙也特别好，至今没镶过假牙，100 岁了还满口都是真牙……”刘老边听边微微地笑着，还及时插上一句：“这是刘仑的光彩！”

临别时，刘老欣然提笔，在赠我的《宝剑情歌——刘仑画集》扉页上签下“刘春同志正之　二〇一三年广州　百岁画翁刘仑”几行刚劲有力的字。

真不曾想，如此健康、硬朗、大有英雄气概的百岁老人，竟在一周后与世长辞，这次愉快而难忘的初次采访，竟成了与这位百岁老人最后的诀别！

在随后的半年时间里，我只能通过翻阅大量刘仑的史料、采访杨少娟老师及他们的大儿子刘一宁先生、大儿媳范丙香女士，赴惠州参观刘仑美术馆、刘仑母校昌明小学（现惠州市第十一小学）、“刘仑美术室”，采访现分管刘仑美术馆的惠州博物馆副馆长侯慧梅女士，惠州市第十一小学谭文娟校长、秦瑞芬老师，惠州市美术家协会副主席黄澄钦老师等人，不断获取、补充材料，才使刘老的这本小传得以顺利完成。在此，特别感谢杨少娟老师、范丙香女士、侯慧梅女士、黄澄钦老师及黄大德老师在提供各类资料方面，给予我的大力帮助！

斯人已逝，百年大我之情长存！在刘老两周年祭到来之际，此书也应是付梓出版之时了。不知本人拙作，能否令天堂的刘仑大师欣慰呢？

附 / # 艺术年表

1913 年

1 月 22 日，生于广东省惠州市。原名刘佩伦。

1922—1928 年

学习《芥子园画谱》和《画学心印》，临摹唐寅、黄蒙、黄慎、“四王”、恽南田的画。东征北伐年代选为学生联合会成员。受反帝反封建革命思潮的影响，配合“五一”“沙基惨案”等纪念活动画了不少革命宣传画，张贴全城。

1929—1931 年

求学于广州市立美术学校师范艺术科。在校得陈之佛、倪贻德、谭华牧、黄君璧诸老师教益，勤奋苦练素描、水彩画。西洋画、中国画成绩名列前茅。水彩画、诗和论文开始发表于校刊上，名字改为“崙”。

1932—1933 年

在广东省郁南、四会县立中学，广州济时中学，四会外海小学任专科教员。常作水彩画写生，喜读中国新文学书刊，文艺复兴时代史论和画家传记，以及印象派画家的书和中国古诗，尤爱研读新诗。

1934 年

在鲁迅先生提倡的新兴木刻运动的影响下，利用课余时间上山采石，自磨自刻，创作石刻 24 块。

1935 年

加入广州现代版画研究会。创作《擦皮鞋的孩子》《前面有咱们的障碍物》《小贩不景》和《1936 年贺年片》等木刻作品。寄信及石刻《市街》《河傍》《小码头》等五幅作品请教鲁迅先生。

10 月，赴日本学习木刻。送给日本版画家料治朝鸣石刻两幅并代广州现代版画研究会赠送中国珂罗版名画册，得料治朝鸣回赠浮世绘。在日本“白与黑版画社”帮助下出版版画集——《北中国乡土玩具集》。应邀参加日本版画家举办的“1936 年贺年片交换会”。

1936 年

创作《土劣》《联合战线》《起来，不愿做奴隶的人们！》《士敏土厂》《爱国提灯》《吃的是草》等版画。写了《对全国第二届木刻流动展的建议》，发表《料治朝鸣印象记》《一个日本木刻家会见录》等文章。11 月，参加广州文化界追悼鲁迅先生大会工作，应大会筹委黄焕秋之邀刻特刊封面《鲁迅不死》，并发表了《我们要怎样纪念鲁迅先生》《中国木刻界没有忘记鲁迅先生》的悼文。与“广州诗坛”举行“抗日诗画联展”。开始写画语录。参加广州艺术工作者协会（发起人之一），被选为形象艺术组组长。发表木刻《擦皮鞋的孩子》并主张联合签名一致抗日。加入“国际问题研究小组”进步组织，与肖殷、赖少其一起到中大校区参加了曾生同志主持的秘密活动。

1937 年

作《报贩》《火炬》等木刻。选为《抗战漫画》编委（郁风等主办）。解决赖少其来惠州工作的生活问题（把自己的教职让给他）。与地下党员谭家驹、彭泰农、何奕昌等编演话剧《保卫我们的家乡》。

1938—1939 年

组织歌咏团并办儿童团，画大布宣传画，带学生演出《放下你的鞭子》等。被选为“中华全国木刻界抗敌协会”理事。7 月，参加抗日军队，画抗日宣传画。10 月，惠州失守，转至从化、清远一带。用土纸竹笔画战地速写 200 多幅。

1940 年

1 月，由香港漫画协会主办“李桦、刘崙战地速写画展”。发表《把青春付予战场》《在南战场的十三个月》及竹笔淡彩画《打回广州去》《拾落穗》《清远小住》。赴桂林参加“木刻十年展”工作。与梁永泰一起主持中华全国木刻界抗敌协会广东分会工作。编《抗战木刻》《木刻岗位》会刊。4月,在桂林举办“刘嵛战地素描展”。在曲江举行“刘嵛前后方素描展”。倡办由木刻协会粤、湘、浙三分会合编的《木刻艺术》期刊。作《不死的灵魂》《真理传播者》《前线军民》等木刻。11月,在韶关兼任广东省立艺术院特约木刻讲师。

1941年

发表《1940年的中国木艺》总结文章。当选“中华全国木刻研究会”常务理事。写《气节,我们的生命》向木刻界献词。作《同志,这里还有一个》《你带着战斗的心愿,驰骋于疆场》《秋收》《我们是新中国的主人》等作品及战时生活竹笔画速写。《前线军民》参加中国战时绘画赴苏展。

1942年

在曲江当选为“中国木刻研究会”常务理事。后又成立了广东省木刻家协会,当选为主席。时值长沙大捷,受李桦电邀去采访,带领陆无涯、赵延年组成湘北战地写生队,在长沙、桂林和曲江展出速写。8月,去坪石任中山大学附中美术教员兼师范学院美术讲师。

1943年

在长沙、衡阳两地举办“刘嵛战地写生画展”。在广东坪石中山大学举办全国木刻展。

1945年

1945年8月至1949年8月,任中山大学师范学院美术讲师。木刻《秋收》选入美国出版的*CHINA IN BIACK AND WHITE*画集。

1946年

《前线军民》等多幅版画作品参加“抗战八年木刻展”。当选中华全国木刻协会监事。

画宣传画《美军滚出中国去！》《团结就是力量》。

1947 年

在惠州作国画《劫后东新桥》及竹笔画多幅。

1948 年

受中山大学师范学院教育系三七级赴台湾考察团邀请去台湾三个多月。4 月，在中山大学由该团主办“刘嵛先生台湾南部写生报告展”和演讲，随后在广州市公开展出，作木刻《台湾高山族》《买米的老百姓》。

1949 年

5 月，在中山大学参加爱国民主协进会（即地下学联，党外围组织，简称“爱协”）。

8 月，升任副教授。

10 月组织得知国民党特务逮捕爱国师生“黑名单”上有刘嵛，通知其即离广州，同杨少娟转移去九龙找联系人接头。广州解放，10 月 19 日随团回广州参加接收工作。

1950 年

作木刻《崇高的签名》。应南京市文联主席赖少其邀请，8 月，调南京市文联美术部任总干事及文联美术部委员。11 月，选为全国美展华东区美术作品观摩会南京筹委，负责筹办南京第三届美展工作。

1951 年

参加南京市郊土改工作三个月，画速写 400 多幅。4 月，聘为全国美展华东区美术作品观摩会评委。5 月，加入中国人民解放军，任南京军事学院政治部文工团美术教员。11 月，调北京总政文化部《解放军文艺》编辑部任美术编辑。

1952 年

发表版画《英雄魏明》。4 月，单独去朝鲜战场体验生活 3 个月，在枪林弹雨中画素描 250 幅，写诗 12 篇。在《人民日报》等刊物上发表《朝鲜战地素描》诗画多篇。

1953 年

9 月，华东人民美术出版社出版刘崙《朝鲜战地素描集》。10 月，为中国美术家协会会员。11 月，有 6 幅素描选入总政文化部编印的《抗美援朝战地素描集》。

1954 年

《岛上的假日》参加全国版画展。16 幅朝鲜战地速写选入《朝鲜战场速写集》。

1955 年

3 月，木刻《东山岛渡头》、水彩画《和平门》参加全国第二届美展。5 月，与董希文、关夫生随八一电影制片厂摄制组，沿红军长征路线访问半年，写生 400 多幅。

1956 年

作木刻《通信兵》《阿坝的春天》和水墨画《二七大罢工老工人画像》两幅。开始构思油画《红军过草地》。

1957 年

调任军委文学美术创作室美术创作员。5 月，作木刻《红军过栈道》参加“北京一莫斯科版画联展”。木刻《草原春夜》《草原铁骑》《红军过栈道》和油画《红军过草地》参加建军三十周年全军美展，后为军事博物馆陈列。在《解放军报》发表《美术这棵花不能拔掉》一文，建议解决部队画家编制和画室问题。

1958 年

4 月，借调八一电影制片厂任中国第一部彩色宽银幕电影《万水千山》美术顾问，创作电影气氛图 80 余幅，供导演和演员等有关人员参考，并写体会文章一篇。应总政领导指示在《解放军报》上发表文章《版画中的一面红旗》。《草原铁骑》《红军过栈道》参加“京津版画展”。

1959 年

随《万水千山》电影摄制组到甘孜自治州拍电影半年，画素材 700 多幅，并参加了藏族民主改革运动。木刻《南飞雁》参加第四届全国版画展。9 月，调任军事博物馆美术创作员。木刻《红军过栈道》为苏联乌克兰艺术馆收藏。

1960 年

木刻《红军过雪山》《通信兵》《草原铁骑》，水彩画《宜昌港》《长征路上》《毛儿盖庙会》《万水千山气氛图》等 9 幅作品参加全军第二届美展。套色木刻《秋收》发表于北京《诗刊》上。为创作《农奴翻身图》国画，再去四川若尔盖草地搜集素材两个月。

1961 年

国画《农奴翻身图》初稿完成。

1962 年

木刻《红军过栈道》参加纪念“毛泽东《在延安文艺座谈会上的讲话》发表二十周年”全国美展。国画《看叔叔练武》《风雨无阻》《共伞归》（雷锋题材）等参加在北京举行的“海防前线写生展”。去福建厦门岛、平潭岛、黄岐半岛写生两个月。石刻《市街》《河傍》，木刻《前面有咱们的障碍物》《憩》《五月》《厌战的皇军》《带马》《双枪》《冲》《报头木刻七幅》为中国美术馆收藏。

1962 年至 1964 年间，临摹任伯年的人物花鸟画多幅。作国画《瓜藤晓露》《秋林双栖》

等。研究壁画及古代人物画，探索创作《农奴翻身图》国画的表现手法。

1963 年

4 月至 7 月，再去西藏拉萨、山南、当雄农牧区搜集《农奴翻身图》创作素材。研究壁画，访中印反击战印俘营，共画彩墨画、水彩画和速写 300 多幅。国画《敬亲图》参加首都人物画展。《龙王潭写生卷》《西藏民间画家》《拉萨八角街》《红旗兵站组画》参加“边疆写生画展”。木刻《红军过栈道》《东山岛渡头》《草原铁骑》《藏族人民的新生》为中国美术馆收藏。

1964 年

国画《农奴翻身图》参加首次设奖的“第三届全军美展”并荣获优秀奖，受到周总理好评。该画在北京、上海等城市巡回展出后，又送朝鲜、越南等国展出。

1966—1972 年

陕西军分区农场劳动六年。画了《暮雪明灯》《猪窝雪》《我的家》三幅画聊以自慰。1972 年 2 月解除劳动锻炼调回北京军事博物馆待分配。将名字“崙”（有山字头）改为“仑”，意指反对“山头主义”。画室题名为“笔耕堂”。

1973 年

常去故宫、琉璃厂等处钻研中国古代绘画，探索国画继承与创新。继续研读长征史料。10 月至 12 月与黄胄、李凌云等同志去湛江、博贺渔港、海南黎族苗族自治州、西岛和林场等地体验生活。

1974 年

1 月、2 月间，去海丰、汕尾、黄埔港及长沙等地写生。研究唐至清代人物山水和欧洲人物风景画的艺术技巧。构思革命历史画《北上军号》。

1975 年

完成《北上军号》历史画草图及部分人物造型。作《自画像》《黎村春早》国画两幅。

1976 年

3 月，从北京总政军事博物馆转业到广东省文联文艺创作室任美术创作员。与黄笃维、杨纳维去汕头、澄海考察美术工作。同年广东画院恢复，文艺创作室的画家全部转到广东画院。

1977 年

与广东画院张惠蓉、王玉珏、邓耀平等同志到肇庆七星岩、鼎湖写生。《鼎湖景色》参加中国画赴日展。8 月，发表《长征路上》速写三幅。木刻《红军过栈道》、国画《泸定飞渡》（刘仑、汤小铭、林墉合作）分别参加纪念“毛泽东《在延安文艺座谈会上的讲话》发表三十五周年”广东省美展及全国美展。

1978 年

任广东画院绘画组组长。选为广东省文联委员，中国美协广东分会理事。国画 7 幅、水彩画 3 幅参加广东画院习作展。与画院画家去珠江三角洲写生。与省文联作家、音乐家去北江和西江体验生活。接受画院领导安排，带头举行一个月的个人作品观摩并做了《生活与创作的问题》的发言。国画《鼎湖》参加赴菲律宾、泰国、巴基斯坦、冰岛、荷兰、芬兰等国展出。

1979 年

《飞翔》《三峡图》《桐棺峡》参加广东画院国画展。北京《美术》杂志刊登《家住雪山中》。《小鸟天堂》《芦花深处新客来之二》选送中国画赴美国展出，版画《草原铁骑》参加中国版画赴日展。国画《飞翔》选送中国驻苏大使馆陈列。国画《小鸟天堂之三》赠日本画家平山郁夫夫妇。发表 1936 年写的《画语》。

1980 年

3 月，被选为中国版画家协会理事。4 月，国画《红军渡急流》《龙潭角飞瀑》《雪山红叶》《羊跳峡》参加广东画院“春季画展”。5 月，以“笔耕”45 年创作汇报的形式在广州文化公园举行“刘仑画展”，展出了版画、水彩画和国画 139 幅。秋天，与广东画院同志去肇庆鼎湖举行学术座谈。赠庆云寺国画《云溪浴佛池》。回赠日本画家藤原楞山一幅国画《风雪》。参加在新会举行的“北京、山西、广东版画座谈会”，发表《实事求是地估计版画的功能》文章。随省美协去市郊萝岗赏画梅花。作《高洁图》《飞雪》等国画。9 月 3 日，和林墉、许钦松、杨和明代表省美协、省画院参加汕头画院成立大会。代表省美协、省画院祝贺并发言，给汕头画院赠画。

1981 年

2 月，国画《岭南春早》《鼎湖》《雪里红》《北国》《春水》参加广东画院“春季画展”。3 月，与蔡迪支去云南昆明、思茅、西双版纳旅行写生。国画《鼎湖》为广东画院收藏，《雪山图》为深圳美术馆收藏，《小北江》扇面两件为广州美术馆收藏。8 月，国画《北上军号》参加“纪念中国共产党建党 60 周年广东美术作品展”，获一等奖，为广东美术馆收藏。广东电台作了专题介绍，以《可贵的信念——画家刘仑的长征画创作》连续广播。发表国画《阳春山水》及《论山水美》一文。木刻《前线军民》《红军过栈道》选入《中国新兴版画五十年选集》。

1982 年

《岭南春早》参加中国画研究院第一届美展。《画语》及国画《鼎湖》《岭南春早》《红军渡急流》发表于《广东画院作品集》。10 月，评为文艺四级。特邀参加组建广州画院并担任首任院长。在画院成立大会上，作了《建设广州画院四点设想》发言。当选广州市文联副主席。《中国艺术家辞典》登载《刘仑美术活动》。接待美国密歇根州立大学教授密哈瑞，并应其要求谈了新中国成立前新兴木刻运动的问题。出席庆祝中日恢复邦交十周年“日本版画展”开幕座谈会。与穗代表团出席在香港中文大学举行的明清广东绘画展开幕式。

12 月，加入中国共产党。

1983 年

《三峡图之三》被国家选送赴美国参加“中国现代国画展”。美国专家评论刘仑的国画《三峡图》是没骨山水的创新。国画《花城》《莲花山》《初晴》《高洁图》《朱帘》《傍晚》参加广州画院建院后首次作品展。8 月，应深圳美术馆邀请，广州画院首届作品展移至该馆展出 40 天，获得好评。《通信兵》参加广州美术馆“中国版画展”，并为该馆收藏。10 月，《办画院初探》文章在北京《美术》杂志发表，并多个地方画院派人前来交流经验。7 月，选为广州市第六届政协委员并出席会议。聘为广东参加第六届全国美展筹委委员。应邀任《美术研究》顾问。

1984 年

作《高原探宝》《雪林》等国画。构思《长征》与《东征》革命历史画。

1985 年

《刘仑作品选集》由岭南美术出版社出版。

《红军渡急流》（国画）获评第六届全国美展优秀作品、广东省优秀作品、广州市首届文学艺术红棉展一等奖，赴京出席中国美术家协会第四次会员代表大会。

聘为广州美术学院国画、版画专业硕士研究生毕业论文创作院外评审委员。

1986 年

评为国家一级美术师。

任广州市文联副主席，出席穗港澳国画展览交流活动。

1987 年

参加组建广州市美术家协会并任首任主席。

11 月，无偿捐献 120 多幅美术作品和 40 余幅全国知名画家的贺画给家乡人民。惠州市人民政府于 12 月 18 日在西湖百花洲率先建立了国内首家以在世艺术家个人名字命名的美术馆“刘仑画阁”，刘仑被授予“东江人民画家”称号。

广州画院换届，任名誉院长。

《漓江山色》国画送中日举办的“中国名家桂林绘画展”，在日本展出，并收入画册《中国名家画桂林》。原作为桂林博物馆收藏。

1982—1988 年

应广州美术学院研究生毕业评审答辩委员会和职称评定办公室邀聘任版画系、国画系研究生毕业评审委员，版画系、国画系、师范系、油画系、工艺系教师晋升教授、副教授评审委员。

1989 年

创作创新型国画《雾里清音》《天泉》。

1990 年

美国三藩市中国画廊举办“刘仑刘晓鸣父女美术作品邀请展”，由女儿刘晓鸣代表赴美主持画展开幕式。

创作梅花系列创新型国画《丹霞》《铁骨丹心》。

1991 年

应邀赴京参加纪念鲁迅先生诞辰 110 周年活动和中国新兴版画颁奖大会，《刘仑藏书票》木刻作品获中国新兴版画特别荣誉奖，《前面有咱们的障碍物》等木刻作品获中国新兴版画贡献奖。

江苏古籍出版社出版的《版画纪程——鲁迅藏中国现代木刻全集》收入作品 8 幅。

创作雪山系列代表作《雪山雄鹰》。

1992 年

国画《不知是雪是梅花》《高原雪》参加“第 25 回亚细亚现代美术展” 并出画册，获表彰状。创作梅花系列长卷《如花美眷》。

国画《山水人物》《高原放牧》等 7 幅作品参加广州画院国画展在香港展出。

国画《回冬房》参加广东省、广州市美术作品展，获市三等奖。

《刘仑国画近作选》，由岭南美术出版社出版。本画集收入近年作品 41 幅。

12 月，被广州市人民政府邀聘为“广州历史文化名城研究会”“广州古都学会”顾问。

1993 年

4 月，被广东省美协聘为广东近代历史画创作艺术顾问。

应邀撰写顾问寄语，《十点寄语》发表于《广州美术研究》第 6 期。

《刘仑小花集》国画 12 幅，由岭南美术出版社出版。创作《水乡情》多幅。

9 月，在广州美术馆举办“刘仑从艺 63 周年画展”和研讨会。《香泉》（国画）获海峡两岸名画家联展一等奖。

1994 年

创作创新型国画《秋江》长卷。

1995 年

创作以家乡惠州为题材的代表作《童年忆写》国画。

创作高原系列代表作长卷《万水千山图》等。

《刘仑画集》由广州画院编辑，岭南美术出版社出版。

1996 年

创作创新型国画《幽岩图》。

1997 年

创作《雪山图》《南天山》等。

为香港回归创作国画《团圆颂》。

1998 年

创作《晚晴》《鱼之乐》等创新型国画代表作。

澳门回归前夕应邀前去采风一周。创作国画《庐园春》，在澳门展出后，为澳门美协收藏。

1999 年

创作国画《南国》等。

10 月，浙江人民美术出版社、山东美术出版社联合编辑出版的《20 世纪中国美术——中国美术馆藏品选》收入刘仑作品数幅。

2000 年

刘仑画阁移至惠州博物馆，更名为“刘仑美术馆”，举行揭幕挂牌仪式。

10 月，应深圳美术馆邀请举办为期一个月的“战士情歌——刘仑国画展”，并开“刘仑艺术研讨会”，受到高度赞誉。深圳美术馆评论家鲁虹特别在馆刊上发表文章，评论刘仑的国画处理黑白灰的技巧很成功。

2001 年

1 月 20 日，在惠州刘仑美术馆举办“晚晴——刘仑国画展”（除馆藏作品外又带去 19 幅新作），受到领导和乡亲的高度评价，并同家乡的艺友作艺术交流。

6 月 17 日，收到北京《求是》杂志主办的“建党 80 周年共产党员书画大赛展览颁奖仪式”通知书，作品《万古长青》获奖。

《惠州日报》“7・1”珍藏版《生日献礼》刊出刘仑作品《万古长青》国画。

国画《雪山图》《人比山高》《白梅》和《西双版纳曼阁》4 幅作品送广州画院参加

建党 80 周年画展。

应邀找出创作于 20 世纪 40 年代的两幅水彩画《金鸡岭秋晨》《朱家山附中宿舍》（写生）为出版中山大学附中纪念册用。

为母校惠阳高级中学 100 周年校庆赠送贺画，并题写“黄松衍书画作品集”书名。

2002 年

创作雪山系列代表作之《雪山图四》。

6 月 30 日，应广州艺术博物院邀请，举办迎“七一”（宝剑篇）个人画展。

7 月 20 日上午，参加广州军区的“军旗飘飘”画展开幕式，展出国画《过岷山》。

11 月，邬梦兆拟出版《诗书画集》，用刘仑的白梅作封面。

2003 年

5 月，捐赠国画《春溪》，义卖支援“抗非典”。

2004 年

羊城通公司选了刘仑的一幅《雪山图》印在“羊城通”卡上。应广州市政协邀请，创作《羊城八景》之《萝岗香雪》。广州艺术博物院购藏国画《过岷山》。

2005 年

春，创作探索性国画《月儿爬上来》。

7 月，《宝剑情歌》《在台湾南部那边》画集出版。

9 月，广州市委宣传部、市文化局、广州画院、广州艺术博物院举办纪念红军长征胜利 70 周年“刘仑画展”暨《宝剑情歌》《在台湾南部那边》画集首发式。

2006 年

10 月 7 日，中国美术学院 、浙江日报报业集团主办的《美术报》总第 672 期第一、第二版报道刘仑的红军长征历史画——《万水千山总是情——刘仑绘画艺术的长征情结》。

用国画《北上军号》作报刊封面，其他作品有《永生》《红军渡急流》《红军过栈道》等。

北京《求是》杂志主办的《红旗画刊》2006 年 10 月号《艺术人生》栏目以四页版面报道了刘仑的艺术成就。题为“画之大者——著名国画家、版画家刘仑先生艺术速写”，作品 6 幅：《红军过草地》油画、《高雄港》水彩画、《通信兵》木刻，以及国画《农奴翻身图》《一亭湖月冷梅花》《小北江》。

10 月 20 日，中国文联主办的《中国艺术报》纪念红军长征胜利 70 周年专刊歌颂长征版报道了刘仑的长征历史画《红军过草地》及其题词。题为“红军题材是我永远的牵挂——访著名画家刘仑”。

整理修改多幅旧作，重点创作一幅新山水画拟参加年底广州画院院展。

广东省文联主办的《文化参考报》《城市周刊》一版《艺坛春秋》发表早期作品 9 幅，题为“沧海凌云志　清风明月心——刘仑的艺术人生”。

应邀参加李醒韬同志“历史穿越”画展开幕式。

12 月 12 日，《秋光》国画参加 2006 年广州画院美术大展，并参加了开幕式。

12 月 22 日，参加广东省美协成立 50 周年 50 件经典作品颁奖大会，作品《红军过栈道》获奖。

12 月 23 日，参加广州市文联、广州市美术家协会在东方宾馆召开的 2006 年首届颁奖大会，获广州城市美术之光“终身成就奖”。

2007 年

1 月 22 日，94 岁生日，《月桂美术报》第二期封面发表祝寿专页。

2 月 21 日，创作两幅（对开和 4 尺开 6）大写意山水，一幅大写意白梅，染色后有新意。

《红枫》杂志第八期封底刊登作品《永生》国画。

收到羊城晚报社两封为“羊城晚报创刊 50 周年”赠画邀请函。赠画一幅。

9 月 9 日上午，参加广州市美术家协会成立 20 周年庆典大会。

参加广州市政协办公厅、广州市委农村基层办、广州市慈善会等单位联合举办的“2007 年广州市政协‘迎国庆贺中秋’书画雅集暨广州书画名家作品回赠为社会主义新农村建设捐款的有关热心人士仪式”活动，送画一幅。

12 月 29 日下午，参加广州画院 25 周年庆典活动。会上表彰“刘仑先生为广州画院的艺术事业做出卓越贡献，特授予终身艺术成就奖”。由广州市委组织部部长颁发证书。

2008 年

5 月 21 日，捐出 46cm×69cm 国画《鹰击长空》一幅，交广州日报社义卖。得款 8 万元用于汶川地震救灾工作。

5 月 23 日，参加在广州艺术博物院举办的市美协组织的“广州改革开放 30 年”画展，展出中国画一幅《峡谷鸣泉》。

7 月 4 日，广州市档案局收藏国画两幅——《金秋》《漓江早》。

7 月 26 日上午，参加广州市档案局、广州市国家档案馆主办，广州市文联、广州市美协协办的“春色烟笼三十年　花绽羊城八百家——《广州美术家档案》首发式暨美术名家捐赠画作仪式”。

10 月 6 日，惠州市第十一小学（原昌明小学，刘仑的母校）吴副校长和美术老师秦瑞芳来家研究成立刘仑美术室问题。送 3 幅作品（《红梅》《雪山雄鹰》《雪山巡逻》）和几本画册。

11 月 13 日，参加广州市档案馆组织的从化采风，作画两幅——《秋之歌》《北国》，档案馆派摄影师全程拍摄刘仑的活动作馆藏资料。

11 月 16 日，参加广东省档案馆建馆 50 周年纪念和给 18 位名人颁发收藏证大会，副省长雷于蓝为刘仑颁发送画册的收藏证。

11 月 20 日，惠州博物馆钟雪平副馆长等人来家谈美术馆有关问题。给美术新馆赠送了自己的全部奖杯（牌）和美术图书 134 本、美术作品 33 幅以丰富馆藏。

2009 年

4 月 16 日，去广州艺博院参加“丹青贺喜客情浓——广州客籍画家精品邀请展”开幕式。参展画家有刘仑等 39 人。

5月1日，应邀去锦绣香江生活会馆参观陈春盛书法展览，即席挥毫两张67cm×134cm雪山图。

5月，为庆祝新中国成立60周年，中国美协决定出版大型版画集《春华秋实——1949—2009新中国版画集》，刘仑的《红军过栈道》被选入。

6月1日，选出三幅小品参加在锦绣香江生活会馆展出的市美协历届主席团成员25人画展，并即兴挥毫67cm×134cm水墨山水画一幅。

8月11日，国画《人比山高》参加广州市美协庆祝新中国成立60周年美术展览。

8月27日下午，广东省档案局收集整理部关彩霞、张凌来家收集了一个军用水壶，一双军胶鞋（下部队采访用）及国画两张——《梅村》《黄昏颂》。

10月12日，收到伦敦大英博物馆亚洲部主任司美茵女士寄来《著作权（版权）授权许可书》。14日，收到该馆王每心邮件，告知大英博物馆收藏的刘仑作品是20世纪40年代在华公干的英国外交官所收藏作品的其中8幅抗战木刻。要求提供刘仑大事年表。9幅作品分别为：1.《同志！这里还有一个》（描述担架队寻找战场伤员情景，曾被选入《抗战八年木刻选集》）；2.《爸爸从前线带回来的玩具》（反映抗战湘北大捷，绝版）；3.《哥哥回来了》（绝版）；4.《丰收》；5.《前线军民》；6.《救救伤病兵》（粤北战地写实，绝版）；7.《胜利的曙光》；8.《取暖》（绝版）。

10月31日，国画《金秋》（67cm×180cm）参加广东画院50年院庆展览。

2010年

应邀回广州画院参加集体挥毫，作巨画送给广州市政府。

2011年

10月9日，刘仑美术馆新馆开馆仪式在惠州博物馆新馆举行，偕夫人杨少娟及长子刘一宁参加。

12月24日，“庆祝刘仑主席百岁寿诞暨广州市美术家协会迎春雅集”在东方宾馆举行。

市美协会员1000多人参加了这一盛会，新上任的广州市代市长陈建华百忙中抽空前来为刘仑祝寿。

2013年

1月22日，考虑举办一个大型的百岁画展，总结自己一生的艺术成就。

5月，和助手一起从百岁后创作的30余幅国画中精挑3幅。

6月，端午节期间选出64幅小画拟进一步定出代表画作。

7月31日，接到广州画院党支部邀请欣然准备参加翌日的建军节复转军人聚会。

8月1日，凌晨3点半无疾而终，安详辞世。